Übungsreihen für Geistigbehinderte
Heft H 4

Monika Köhnen / Erika Roos
Vorhabenorientierte Freiarbeit
Praxisbeispiel / 69 Materialideen

Übungsreihen für Geistigbehinderte
– Konzepte und Materialien –
Hrsg. Susanne Dank

H: Schwerpunkte der Förderung **Heft H 4**

Monika Köhnen / Erika Roos

Vorhabenorientierte Freiarbeit

Praxisbeispiel / 69 Materialideen

verlag modernes lernen - Dortmund

Bedanken möchten wir uns bei der Pädagogischen Fachkraft Frau Roth für die gute Zusammenarbeit und die Bereitschaft ihre zeichnerische Begabung einzubringen, sowie bei den Schülern der Unterstufe 2 der Levana Schule Schweich

---

Herstellung: Löer Druck GmbH, 44139 Dortmund

Bestell-Nr. 3634 ISBN 3-8080-0436-3

Inhaltsverzeichnis

Übungsreihen für Geistigbehinderte?

Idee und Anliegen

Leider sind Konzepte und Arbeitshilfen für die Förderung und den Unterricht mit Geistigbehinderten immer noch rar. Häufig beziehen sich Eltern, Lehrer und Erzieher in Ermangelung geeigneter Materialien auf Inhalte und Vermittlungsformen der herkömmlichen Kindergarten- und Schulpädagogik. Diese werden jedoch den speziellen Bedürfnissen geistigbehinderter Schüler nur selten gerecht.

Sei es, daß der Lernstoff im Schwierigkeitsgrad zu weit „oben" ansetzt, daß die Lernschritte zu rasch aufeinander folgen und die breite Übungspalette fehlt oder aber, daß Themen angeboten werden, die dem Alter und den Interessen Geistigbehinderter einfach nicht so recht entsprechen.

Dieses Manko versuchen die „Übungsreihen für Geistigbehinderte" aufzuarbeiten, indem hier *notwendige* und *praxisorientierte* Förderinhalte systematisch und umfassend abgehandelt werden.

Geistigbehinderte müssen mit Hilfe *besonders* strukturierter Lerninhalte auf ein weitgehend selbständiges Leben vorbereitet werden. Wie eine Förderung in diesem Sinne aussehen kann, dokumentieren die „Übungsreihen für Geistigbehinderte" anschaulich und nachvollziehbar.

Die Auswahl der Einzelthemen orientiert sich dabei am geistigbehinderten Schüler und seiner Lebensumwelt, fragt nach so wichtigen Entscheidungskriterien wie:

- Hat das Thema Relevanz für die aktuelle oder zukünftige Lebenssituation Geistigbehinderter?
- Nimmt es in notwendiger Weise Bezug auf vorhandene Sachzwänge und objektive Gesetzmäßigkeiten?
- Vergrößert der Lernstoff die Handlungskompetenz, erweitert er den Aktionsradius der Schüler?
- Orientiert sich der Lerngegenstand ausreichend an ihren individuellen Bedürfnissen und Interessen?

In den Sonderschulen für Geistigbehinderte werden die Erziehungs- und konkreten Lernziele innerhalb von *fachorientierten Lehrgängen* (Schaffung sachgerechter Grundlagen in den einzelnen Fachbereichen) und *Vorhaben/Projekten* (Anwendung der erworbenen Kenntnisse und Fähigkeiten in praxisorientierten Aufgabenfeldern) verfolgt.

Eine entsprechende Systematik liegt auch den „Übungsreihen für Geistigbehinderte" zugrunde.

Die „Übungsreihen für Geistigbehinderte" stellen Beiträge zu den *Lehrgängen*

- Sprache (Lesen und Schreiben)
- UMZG (Umgang mit Mengen, Zahlen und Größen)
- Lebenspraktisches Training
- Arbeitslehre (Werktechnische Fächer, Hauswirtschaft)
- Wahrnehmungsförderung
- Sport
- Musik

in übersichtlichen Fördereinheiten vor. *Vorhaben* und *Projekte* werden in Form übertragbarer Dokumentationen für den Nachvollzug zugänglich gemacht.

Die Frage, für wen die „Übungsreihen für Geistigbehinderte" geschrieben werden, ist leicht zu beantworten: Für alle, die in der Förderarbeit mit Geistigbehinderten tätig sind – Lehrer, Erzieher, Eltern, Betreuer in Werkstätten, Heimen, Horten, Kindergärten, Freizeiten und Krankenhäusern.

Über Rückmeldungen und Kritik, Anregungen und Vorschläge von Leserseite würde ich mich als Herausgeberin der Hefte-Reihe sehr freuen. All jene, die mit ihrer Erfahrung, bisher geleisteter Unterrichtsarbeit, Materialiensammlungen und anderen Schätzen zum Gelingen der Reihe beitragen wollen, möchte ich ermutigen, sich an dieser Pionierarbeit zu beteiligen.

Susanne Dank

Vorwort

Der Weg entsteht beim Gehen – Als wir vor 5 Jahren die ersten Schritte wagten und in einer Unterstufenklasse mit Freiarbeit begannen, ahnten wir nicht wie erlebnisreich, uns neue Sichtweisen, wertvolle Erfahrungen und Freude schenkend, wie motivierend er werden würde. In unterschiedlichen Klassenzusammensetzungen konnten wir erleben, wie Schüler Verantwortung für ihr Lernen übernahmen, entscheidungsfähig wurden, Interessen und Vorlieben entwickelten und wie Hilfsbereitschaft und Akzeptanz untereinander zunahmen.

Der Weg ist das Ziel – Vor 2 Jahren schrieben wir unsere ersten Erfahrungen nieder, um zum Zeitpunkt der Veröffentlichung festzustellen, daß sich unsere Freiarbeitspraxis mit und durch die Schüler bereits wieder verändert hatte – es war eine vorhabenorientierte Freiarbeit gewachsen. An uns selbst konnten wir nacherleben, was Claus Werner Dapper (1997, S. 11) so formuliert: „Es kann einfach deshalb kein Modell des offenen Unterrichtes geben, weil es in der Natur dieser Überlegungen liegt, daß sich methodische Ausprägungen von Lehrer zu Lehrer, Schule zu Schule und nicht zuletzt von Schüler zu Schüler unterscheiden müssen". Ist da eine weitere Veröffentlichung, die eine Form offenen Unterrichts beschreibt, nicht ein Widerspruch in sich?

Wir haben uns dazu entschlossen, obwohl wir diese Frage nicht mit einem klaren Nein beantworten können. Nach Tagungen, auf denen wir unsere Arbeit vorstellen, erleben wir immer wieder, wie Rückmeldungen, kritische Fragen, Austausch von Erfahrungen und Materialideen unsere Freiarbeitspraxis bereichern und uns zum Reflektieren anregen. Und genau so möchten wir unseren Beitrag verstehen:

- Als Materialbörse (und nicht als Rezept), die Ideen für die eigenen Schüler entstehen läßt
- Als Momentaufnahme (und nicht als Festschreibung) einer Möglichkeit der Realisierung selbstgesteuerten Lernens, die zum Reflektieren der eigenen Unterrichtspraxis anregen kann
- Als Erfahrungsbericht, der aufzeigt, daß und wie selbstgesteuertes Lernen auch mit sogenannten leistungsschwächeren Schülern möglich ist und der Mut machen soll, sich selbst auf den Weg zu machen.

Auch unsere Unterrichtspraxis wird ständig im Fluß bleiben, die jeweiligen Schüler werden uns den Weg zeigen, indem wir ihnen den Raum und den Rahmen dazu geben und uns nicht nur als Lehrende, sondern auch als Lernende begreifen und wahrnehmen.

Teil 1: Vorhabenorientierte Freiarbeit

Einleitung

Freiarbeit ist mehr als eine Unterrichtsform, sie beinhaltet wie auch andere Formen offenen Unterrichts eine *Haltung*, aus der heraus methodische Gestaltungen erwachsen. Daher bilden einige grundsätzliche Überlegungen die Ausgangsbasis für die weiteren Ausführungen.

Die Beschreibung der Freiarbeitspraxis in einer Unterstufenklasse beabsichtigt einen Einblick in die Unterrichtsform Freiarbeit, wobei Fragen wie „räumliche und zeitliche Organisation, Ablauf einer Freiarbeitsphase, Hinführungsmöglichkeiten, Einführung von Regeln und Material, Einbezug schwerbehinderter Schüler, ...“ nur in ihrer konkreten Realisation gestreift, nicht aber in der Bandbreite ihrer Aspekte entfaltet werden. Hierzu sei auf die Ausführungen in Heft H1 der Übungsreihen „Freiarbeit macht Spaß“ (Köhnen, 1997) verwiesen.

Das vorliegende Heft veranschaulicht Möglichkeiten der Verbindung zwischen Vorhabenunterricht und Freiarbeit und gibt Anregungen zur vorhabenorientierten Materialentwicklung.

Die in Teil 2 vorgestellten Materialien zu den Vorhaben
- Frühstücke wie ein König
- Peter und der Wolf
- Jede Jahreszeit hat ihre Farbe
- Das bin ich

wurden auf dem Hintergrund ausgewählter Schwerpunkte und im Hinblick auf und unter Mitwirkung von Schülern einer bestimmten Klasse entwickelt. Als Materialbörse verstanden, bieten sie die Möglichkeit, Angebote für die eigenen Schüler zu finden oder abzuwandeln, sowie sich inspirieren zu lassen, selbst Materialien zu anderen Schwerpunkten oder Vorhaben zu entwickeln.

Grundlegende Gedanken

Unsere Zeit ist hinsichtlich der Menschen mit einer geistigen Behinderung von einer Neubesinnung geprägt. Der Ruf nach mehr Selbstbestimmung, nachhaltig ausgedrückt in der Duisburger Erklärung (verabschiedet im Herbst 1994 auf dem Kongreß der Bundesvereinigung Lebenshilfe) findet seine Entsprechung in dem von der Schule für Geistigbehinderte formulierten Ziel der Selbstverwirklichung in sozialer Integration.
Die konkrete Unterrichtsarbeit und die Form des Umgangs miteinander werden jedoch mehr als von der Zielidee von bewußten oder unbewußten anthropologischen Grundannahmen bestimmt. Die Frage, ob offener Unterricht möglich ist, findet seine Antwort in der pädagogischen Grundhaltung des Lehrers.

Offenem Unterricht liegt ein Menschenbild zugrunde, das in die Fähigkeiten des Schülers zur Eigenaktivität und in die Entfaltung selbstaktivierender Kräfte vertraut. Gemeinsames Anliegen der verschiedenen Formen, wie Freiarbeit, Wochenplanarbeit, Stationenlernen, ..., die unter dem Begriff offener Unterricht zusammengefaßt werden, ist es, den Schülern selbstgesteuertes Lernen zu ermöglichen. Selbstgesteuertes Lernen ist durch Offenheit für die Verschiedenheit (jeder Mensch lernt anders), Aufheben der Vergleichbarkeit und Eigenaktivität bestimmt.
Der Schüler wird als Subjekt seiner Lernprozesse begriffen: Lernen ist eine Tätigkeit, die nur jeder für sich selbst tun kann, da Lernen auf der Verarbeitung von Erfahrung beruht. „Lernen ist kein Prozeß, in dem der Schüler nur Objekt pädagogischer Bemühungen ist. Der eigentliche Lernprozeß, die Adaption des Organismus auf einem neuen Niveau wird vom Individuum selbst geleistet“ (Schulte-Peschel; u.a., 1996, S. 14). Für den Lehrer bedeutet dies seine direkte Leitung aufzugeben und zum Lernbegleiter des Schülers zu werden.
Offener Unterricht impliziert die Abkehr von einer defektologischen Betrachtungsweise hin zu einer dialogischen Sicht.

So beruht auch Freiarbeit (als eine Unterrichtsform mit wiederum unterschiedlichen methodischen Ausprägungsmöglichkeiten) auf der Haltung des Lehrers, der durch Achtung der Freiheit des Kindes den Freiraum schafft, Lernprozesse selbst zu gestalten. Der Lehrer traut dem Schüler zu, seinen eigenen Lernweg zu finden. Er ist davon überzeugt, daß der Schüler, indem er sich auf seine Weise mit einer Sache auseinandersetzt, aktiv, interessierter und aufmerksamer lernt, besser behält und einen höheren Lernzuwachs erzielt (vgl. Schulte-Peschel, S. 85).

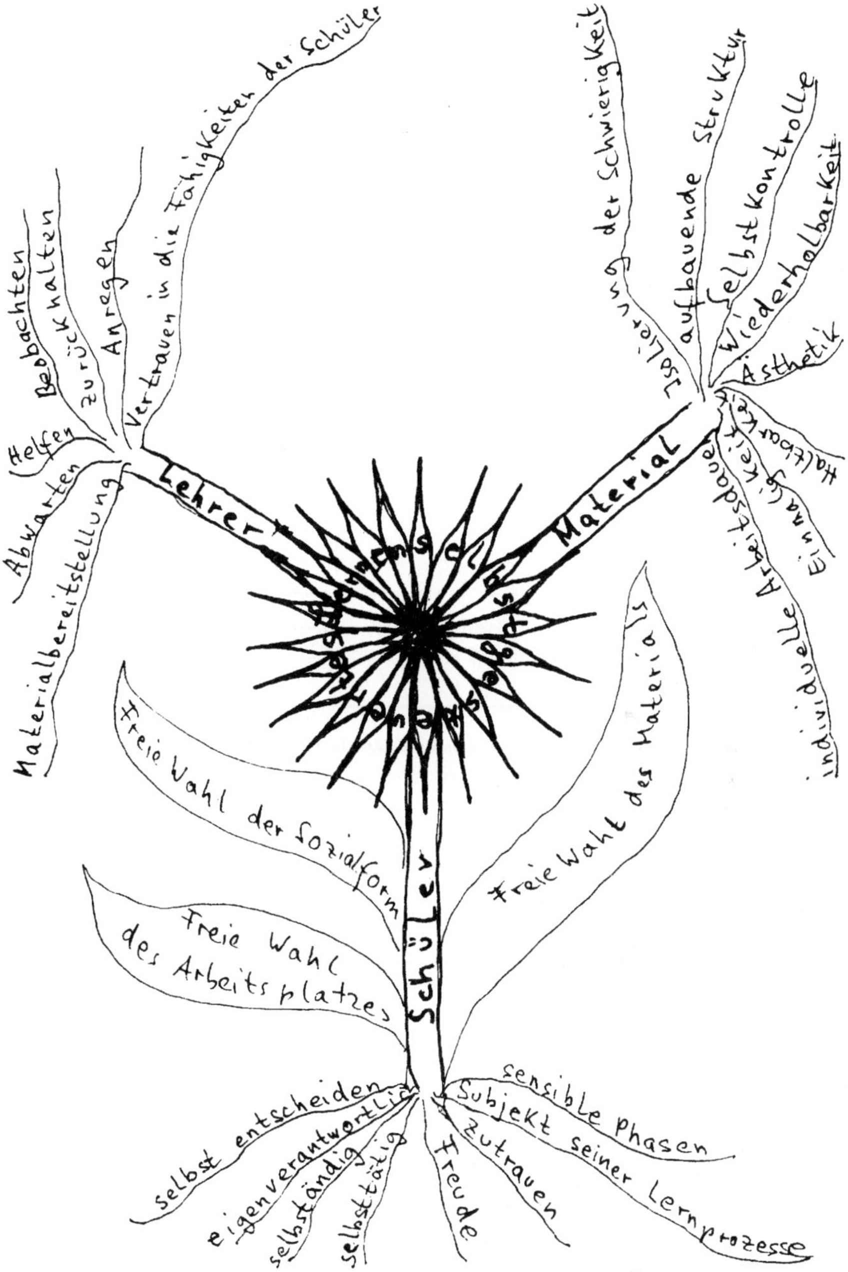

Abb. 1: Wesen der Freiarbeit

Aufgabe des Lehrers ist es, die Lernumgebung entsprechend vorzubereiten und gezielt Angebote bereitzustellen.
Grundlage der Freiarbeit bildet somit die vorbereitete Umgebung, ein Begriff der von Maria Montessori, der bekanntesten Vertreterin der Freien Arbeit geprägt wurde, wobei der Auswahl und Herstellung des Materials die entscheidende Bedeutung zukommt (vgl. Köhnen, 1997, S. 8f).
Der Lehrer traut dem Schüler zu, Entscheidungen treffen zu können oder im Verlauf der Freiarbeit diese Fähigkeit zu entwickeln. „Kern der Freiarbeit ist die freie Wahl. Der Schüler entscheidet sich frei für ein Material und nimmt somit Einfluß auf den Lerninhalt und das Lernziel. Er wählt seinen Arbeitsplatz und eventuelle Partner selbst aus. Er bestimmt die Anzahl der Wiederholungen und die Dauer seiner Arbeit“ (vgl. Köhnen, 1997, S. 8).

Die Haltung, die es dem Lehrer möglich macht, sich auf den Weg zur Öffnung des Unterrichts zu begeben, wird auf dem Weg durch die Erfahrung intensiviert. Anstelle der Zuschreibung bestimmter Merkmale tritt und wächst die Sensibilität für Hinweise auf das jeweils individuell mögliche Ausmaß an Selbstbestimmung, schärft sich das Auge für Interessensbekundungen auch nichtsprechender Kinder, entstehen Materialideen, die es auch den sogenannten verhaltensschwierigen oder schwerbehinderten Menschen ermöglichen, an einer Sache zu lernen, die sie wirklich interessiert und zur Konzentration führt.

Beim Versuch das Wesen der Freiarbeit in einem Bild zu veranschaulichen, das auch unsere in der Praxis entstandenen Gefühle berücksichtigt, entstand eine Blume (siehe Abb.1):
Selbstgesteuertes Lernen „erblüht“ in der Unterrichtsform Freiarbeit auf 3 „Stielen“ (Material, Lehrer, Schüler), sowie deren Dialog und „wurzelt“ in einer veränderten Lehrerrolle und Schülersicht und den Eigenschaften des Materials.

Freiarbeit in einer Unterstufenklasse – Ein Praxisbeispiel

Die Schüler und Lehrkräfte

Unsere Unterstufenklasse besteht in diesem Schuljahr (1997/98) aus 6 Schülern mit unterschiedlich langer Klassenzugehörigkeit und somit unterschiedlich langer Freiarbeitserfahrung. Um aufzuzeigen, daß es zur Durchführung von Freiarbeit keiner „besonderen“ Schüler bedarf, bezieht sich die (bewußt teilweise defizitorientierte) Schülerbeschreibung auf den Zeitpunkt der Aufnahme in die Klassengemeinschaft:

Hans (3. Schulbesuchsjahr, im 3. Jahr in der Klasse): Down-Syndrom; auf wenige Wörter (ca. 10) begrenzter aktiver Wortschatz bei gutem Sprachverständnis; sehr stark auf Erwachsene bezogen; interessiert; gute Konzentrationsfähigkeit und Ausdauer; wenig Selbstvertrauen

Peter (3. Schulbesuchsjahr, im 2.Jahr in der Klasse): Down-Syndrom; gutes Sprachverständnis; aktive Sprache: Mehrwortsatz (dysgrammatisch); interessiert; geringe Konzentrationsfähigkeit; provoziert; stört, um Aufmerksamkeit zu erhalten; Selbstüberschätzung; bestimmt über andere Kinder

Susanne (3. Schulbesuchsjahr, im 2.Jahr in der Klasse): Gehen mit Hilfe eines Rollators; Einkoten und Einnässen; benötigt viel Hilfe bei allen täglichen Verrichtungen; sehr geringe sinnvolle Eigenaktivität; Bewegungsstereotypie: Wedeln; nimmt alles in den Mund; bizarre Bewegungen mit Gegenständen, die sie sich auf die Finger steckt; keine aktive Sprache (außer Mama); zeigt Sprachverständnis bei situationsbezogenen Aussagen und Aufforderungen; verwendet einige konventionelle Gesten, z.B. Winke-Winke und Kopfschütteln; zeigt Freude; cerebrale Anfälle; ständiger Aufsichtsbedarf

Anke (3. Schulbesuchsjahr, im 3. Jahr in der Klasse): cerebrale Anfälle; interessiert, jedoch sehr inaktiv und antriebsarm; auf Zuwendung angewiesen; geringe Konzentrationsfähigkeit und Ausdauer; gute sprachliche Ausdrucksfähigkeit; sehr wenig Selbstvertrauen; kann sich nicht wehren und nichts ablehnen

Werner (2. Schulbesuchsjahr, im 2.Jahr in der Klasse): starke Hyperaktivität; ist ständig in Bewegung; unfähig zur Konzentration auf eine Sache; aggressiv (schlagen, beißen, treten, kratzen); kein Spielen mit anderen Kindern; Kraftausdrücke; schnelles und undeutliches Sprechen; „stopft“ beim Essen; geringe Eigenwahnehmung; kann Stärke des eigenen „Zufassens“ nicht einschätzen; ständiger Aufsichtsbedarf

Walter (im 1.Schulbesuchsjahr in der Klasse): Down-Syndrom; benötigt Hilfe beim Essen und anderen täglichen Verrichtungen; interessiert; konzentrationsfähig, verliert sich jedoch in Beobachtungen seiner Umgebung; gute sprachliche Ausdrucksfähigkeit; führt alle Tätigkeiten mit extremer Langsamkeit aus.

Während es bei den Schülern in jedem Jahr Veränderungen gab, blieb unser Team (Frau Roos, Frau Köhnen, Frau Roth) seit 5 Jahren erhalten. Die sich in dieser Zeit entwickelte gute Zusammenarbeit trägt nicht unwesentlich zum Gelingen der Freiarbeit bei. „Materialauswahl, genaue Handhabung des Materials, Austausch von Schülerbeobachtungen, das Suchen nach Lösungen für aufgetretene Probleme und das eigene Verhalten in der veränderten Lehrerrolle sind regelmäßiger Bestandteil unserer Klassenkonferenzen" (Köhnen; Roos, 1997, S. 16).

Der Klassenraum

In unserem eigentlich zu kleinen Klassenraum erfüllen offene Regale in kindgerechter Höhe eine unverzichtbare Doppelfunktion. Einerseits schaffen sie als Raumteiler Arbeitsnischen für verschiedene Aktivitäten, zugleich bieten sie genügend Platz zum übersichtlichen Anordnen von Mate-

Abb. 2: Materialregal mit Teppichständer

rialien. Diese sind für die Schüler frei zugänglich, wobei jedes Angebot seinen festen Platz hat. Materialien für das Freispiel sind eindeutig räumlich getrennt von denen für die Freiarbeit. Dinge dagegen, mit denen die Schüler nicht selbständig arbeiten können, werden, um eine Reizüberflutung zu vermeiden, in geschlossenen (nicht verschlossenen) Schränken aufbewahrt.
Nach Maria Montessori funktioniert die vorbereitete Umgebung nicht ohne eine bestimmte Ordnung. „Die äußere Ordnung gibt Orientierungshilfe, die auch im Geist Ordnung stiftet“ (Fisgus; u.a., 1996, S. 12).
Auch wir erfahren, daß unsere vorgegebene Ordnung, sowie die ästhetische Gestaltung des Klassenraums bei den Schülern zu einer inneren Ordnung und Ruhe führt.

Einstieg in den Schultag

Betritt ein Besucher unvorbereitet kurz nach Schulbeginn unseren Klassenraum, erleben wir, daß dieser mit einem überraschten und zugleich beeindruckten „Ist es hier ruhig“ reagiert. Zu dieser Zeit herrscht bei uns eine Atmosphäre leiser und konzentrierter Geschäftigkeit – auf dem Stundenplan ist das Symbol „Freiarbeit“ ausgewiesen.
Der tägliche Beginn mit dieser Unterrichtsform ermöglicht jedem Schüler seinen individuellen Einstieg in den Schultag, nach seinem Erlebnishintergrund und seiner Stimmung. Mit einer Arbeit entsprechend den eigenen Bedürfnissen und Interessen in den Tag gehen zu können, wirkt sich positiv auf das Verhalten im weiteren Unterrichtsverlauf aus. Aus dieser Beobachtung gerade bei „verhaltensschwierigen“ oder nichtsprechenden Schülern entstand unsere Entscheidung für diese zeitliche Organisation.

Ablauf einer Freiarbeitsphase – Eine exemplarische Beschreibung

Auch heute dauert das *Vorgespräch*, das die Freiarbeit mit der Wahl des Materials, der Sozialform und des Arbeitsplatzes einleitet, nicht lange: Hans und Anke haben bereits eine genaue Vorstellung von dem, was sie arbeiten wollen. So lehnen sie die Anfrage von Peter, der ein Material gewählt hat, zu dem er einen Partner benötigt, entschieden ab. Peter kann Werner als Partner gewinnen. Susanne geht eigeninitiativ zum Regal, um zielstrebig ein Material zu greifen. Während die anderen Schüler bereits ihren Arbeitsplatz einrichten, „muß“ sich Walter erst vor das Regal stellen und alle Angebote genau betrachten, um eine Entscheidung treffen zu können. Die Wahl des Arbeitsplatzes ist ganz selbstverständlich verlaufen, indem die Schüler eine Arbeitsnische oder ihren Sitzplatz belegen oder mit einem der in einem Teppichständer bereitgestellten kleinen Teppiche (70 x 120) ihren Arbeitsbereich auf dem Fußboden schaffen.

So vollzieht sich der Übergang vom Vorgespräch zur *Arbeitsphase* fließend. Nachdem alle Schüler außer Susanne sich in ihre Arbeit vertieft haben, setzt sich Frau Roos zu ihr hin, da Susanne für die Entfaltung von Eigenaktivität die räumliche Nähe einer Bezugsperson und manchmal auch die Berührung mit der Hand bedarf. Frau Köhnen beobachtet die Schüler, gibt Anke, die eine Idee entwickelt hat, ihre Arbeit zu erweitern, die dazu notwendigen Arbeitsmittel, regt Hans an, seine Vorgehensweise zu variieren und geht zu Werner und Peter, um diese im Flüsterton an eine der geltenden Arbeitsregeln zu erinnern.
Während die Arbeitsphase anfangs nur 10 Minuten dauerte und für alle nach einer Vorankündigung gleichzeitig endete, stehen den Schülern zur Zeit entsprechend ihrer gewachsenen Ausdauer 45 Minuten zur Verfügung.
Die *Abschlußphase* leitet jeder Schüler für sich selbst ein, indem er die Arbeit beendet, anhand der Selbstkontrolle überprüft und den Arbeitsplatz aufräumt. Während Anke und Hans noch weiter arbeiten, dokumentieren die anderen ihre Arbeit in ihrer Freiarbeitsmappe, indem sie ein entsprechendes Symbolkärtchen unter den jeweiligen Wochentag des Vordrucks kleben. Bei der Dokumentation benötigen Walter und Susanne Hilfe, da sie wie Peter, Anke und Hans auch das Datum eintragen möchten. Werner dokumentiert selbständig, indem er sich an der farbigen Markierung der Wochentage orientiert und auf das Datum verzichtet.
Während Walter und Susanne den noch Arbeitenden interessiert zuschauen, holt sich Peter etwas zu spielen und Werner beginnt mit seinem Tischdienst.
Da Hans und Anke bis zum Frühstück vertieft sind, findet das *Nachgespräch* während des Essens statt: Die Schüler zeigen oder berichten, was sie gearbeitet haben.

Die Kompetenzentwicklung der Schüler

In der Freiarbeit erfahren die Schüler, daß sie, ihre Entscheidung und ihre Anstrengungen ernst genommen werden. Die Möglichkeit der intensiven Beschäftigung mit einem Lerngegenstand und der beliebigen Wiederholung einer Übung gibt den Schülern Vertrauen in die eigene Leistung. Die Handlungsfähigkeit der Schüler mit den Strukturelementen „Handlungsorientierung, Handlungsplanung, Handlungsausführung und Handlungskontrolle" (vgl. Schulte-Peschel; u.a., S. 22 ff) steht im Mittelpunkt. Durch die selbsttätige Auseinandersetzung werden die Schüler selbständiger, lernen selbst zu planen, Lösungen zu finden, Verantwortung zu übernehmen und

auch ohne Lehrer aktiv zu sein. Die freie Wahl gibt den Schülern Gelegenheit, eigene Interessen herauszufinden und zu entwickeln. Sie erfahren, daß manche Materialien für sie nicht mehr oder noch nicht geeignet sind und daß jede Arbeit gleich wichtig ist, da jeder durch *seine* Arbeit Erfahrungen sammelt und Kenntnisse erweitert. „Freiarbeit fördert eine Atmosphäre, in der jeder den Lern- und Entwicklungsstand des anderen anerkennt und sich über seine Fortschritte mitfreut" (Köhnen, 1997, S. 19). Die interpersonalen Beziehungsrichtungen bewegen sich nicht mehr in erster Linie von Schüler zu Lehrer, sondern zunehmend von Schüler zu Schüler. Freiarbeit unterstützt so wesentlich die Entstehung einer Klassen*gemeinschaft.* Durch eine Vielfalt von Begegnungsmöglichkeiten, z.B. Material- oder Partnerabsprache, Zusammenarbeit, Austragen von Konflikten,..., wächst aus dem Nebeneinander ein intensives Miteinander.
Die Entfaltung der in der Unterrichtsform Freiarbeit inneliegenden Möglichkeiten zur Kompetenzentwicklung der Schüler ist ein Prozeß, der Zeit braucht. Manche Schüler müssen zunächst einmal lernen, daß sie sich für etwas entscheiden können, die Praxis der Freiarbeit trägt selbst dazu bei, diese und andere Voraussetzungen zu erfüllen.
In unserer Klasse konnten wir folgende Entwicklung hin zu selbständigen Schülerpersönlichkeiten erleben:

Hans:
Hans nahm die Unterrichtsform sofort sehr positiv an, das „Sich Entscheiden dürfen" ermöglichte ihm in der Eingebundenheit in einen Orientierungsrahmen, seine Vorlieben bewußt wahrzunehmen. Bereits nach einem Jahr gehörte er zu den Schülern, die sich bei Schulschluß überlegten, mit welcher Arbeit sie den nächsten Tag beginnen wollen. Im zweiten Jahr gelangte er über das Erkennen seiner Fähigkeiten und seines Lernzuwachses zu einer positiven und realistischen Selbsteinschätzung, durch die sich seine Bezogenheit auf Erwachsene reduzierte. Unabhängiger vom Lehrerlob arbeitete er zunehmend um der Sache willen und für sich selbst, wobei er mit Entschlossenheit und der in ihm liegenden Fähigkeit zur Ausdauer so lange und so oft an einer Aufgabe verweilte, bis er diese sicher beherrschte. Auffallend war, daß er auf ihn zugeschnittene Angebote zur Sprachförderung besonders intensiv nutzte, durch „unbeobachtetes Üben" konnte er in diesem für ihn mit negativen Vorerfahrungen belasteten Bereich Ängste abbauen und Zutrauen zu seinen Leistungen gewinnen. Im Bereich Mengen und Zahlen kam ihm die der Unterrichtsform innewohnende Möglichkeit zur Individualisierung hinsichtlich Lerntempo, Leistungsfähigkeit und Interessen sehr zugute: als er, angeregt durch das Jahreszeitenthema so nachhaltig Interesse am Datum zeigte, daß wir Material dazu entwickelten, konnte er sich die Zahlen bis 31 aneignen,

während sich zum Beispiel Walter mit Mengen bis 5 beschäftigte. Außer der Fähigkeit uns Materialwünsche zu bekunden, entwickelte Hans im letzten Jahr Ideen, bereitgestellte Materialien entsprechend seiner Interessen zu erweitern – für uns eine neue und sehr schöne Lernerfahrung!

Peter:
Peter's Störverhalten reduzierte sich durch die Möglichkeit an „seiner Sache" (Schülerzitat) arbeiten zu können kontinuierlich, Ende des ersten Jahres war es während der Freiarbeit ganz verschwunden. Bereits bei der Einführung der Unterrichtsform konnte Peter seine Interessen klar erkennen und verfolgen, wobei er eine gute Konzentrationsfähigkeit entwickelte. Er bevorzugte deutlich Materialien, die das Nacherleben gemüthafter Aspekte eines Vorhabens beinhalteten, wobei er zunehmend Kreativität im gestalterischen Bereich entfaltete. Auffallend war, daß Peter auch nach dem 2. Jahr Materialien, die ihm zur angemessenen Erweiterung seiner Kenntnisse Anstrengung abverlangten, äußerst selten wählte und gleichzeitig mit seinem Können prahlte; hier ist noch nach einem Weg zu suchen, der es ihm ermöglicht, seine Anstrengungsbereitschaft zu erweitern und eine realistischere Selbsteinschätzung zu finden.
Für Peter war die Unterrichtsform besonders hinsichtlich seines Sozialverhaltens von Bedeutung. Neben dem Abbau seines Störverhaltens lernte er durch häufige Partnerarbeit zunehmend, die Bedürfnisse seiner Mitschüler zu erkennen und zu berücksichtigen.

Susanne:
Susanne verhielt sich lange auch in dieser Unterrichtsform ohne direkte Zuwendung einer Lehrkraft weitgehend passiv, zumindest in der Arbeitsphase. Sie erstaunte uns jedoch durch die Entwicklung von Eigenaktivität im Vorgespräch. Bereits nach einem Monat wählte sie deutlich durch Greifen zwischen zwei, später drei, extra für sie in angemessener Höhe bereitgestellten Materialien aus. Nach einem halben Jahr ging sie eines Tages unaufgefordert (sie hatte inzwischen Gehen gelernt, ohne diese Fähigkeit von sich aus anzuwenden) und gezielt zum Freiarbeitsregal. Als sie sich wenig später mit großer langer Anstrengung vor dem Regal hinkniete, um an bestimmte Materialien der anderen Schüler zu gelangen, bestand unsere Aufgabe darin, deren Handhabung und Zielsetzung abzuwandeln und der unübersehbaren Interessensbekundung nachzukommen, soweit die Materialien dies zuließen. Susannes Bedürfnis, alles in den Mund zu nehmen, konnten diese jedoch nicht entsprechen – ein Problem, bei dessen Lösung alle anderen Schüler mithalfen, indem sie unermüdlich darauf hinwiesen, daß das kostbare Material nicht feucht werden darf. Gleichzeitig stellten wir fest, daß sich Susannes Fähigkeit, mit der rechten Hand selbständig Tätigkeiten auszuführen vergrößerte, wenn eine Lehr-

kraft ihr die linke Hand hielt. So nahm der Anteil sachgerechter Eigenaktivität zu. Besonders auffallend war bei Susanne ihre intensive (wenn auch erst beim genaueren Hinsehen erkennbare) Beobachtung ihrer Mitschüler. Sie verfolgte aus den Augenwinkeln oder mit ganz kurzen direkten Blicken deren Tätigkeiten. In der Mitte des zweiten Jahres zeigte Susanne wiederholt nachdrückliches Interesse an Zahl- und Buchstabenmaterialien, ohne daß wir eine Möglichkeit für sie sahen damit zu arbeiten. Stutzig geworden durch die für „schwerbehinderte Schüler untypische" Zielstrebigkeit bei der Material- und Arbeitsplatzwahl, sowie durch die Tatsache, daß Susanne „zu" rasch Gebärden erlernte und diese benutzte um Vergangenes und Zukünftiges auszudrücken, wuchs bei uns der Verdacht, daß sie mehr wisse als sie zeigen kann. Auf diesem Hintergrund absolvierten wir eine Ausbildung in Gestützter Kommunikation und setzten diese Methode bei Susanne ein: Das Ergebnis übertraf das für möglich Gehaltene weit und erschütterte uns tief. Mittels FC wurde erkennbar, daß sich Susanne autodidaktisch die Schriftsprache angeeignet hatte und über erhebliche Kenntnisse im Rechnen verfügte, was auf eine hohe Intelligenz hindeutet. Selbstverständlich entwickelten wir daraufhin für diese Schülerin auch Materialien entsprechend ihre kognitiven Fähigkeiten; wegen ihrer Spezifität nahmen wir diese jedoch nicht in den Materialteil auf.
Die Unterrichtsform war somit für Susanne von großer Bedeutung. Sie fand nicht nur die Zeit, die sie benötigte, um von sich aus aktiv zu werden (im lehrergelenkten Unterricht wirkten die Bedürfnisse der anderen Schüler dem entgegen), sondern vor allem die Möglichkeit, uns den Weg zu zeigen: Die Erfahrung, daß jeder in allem ernst genommen wird sowie der freie Zugang zu Materialien auf ihrer Seite, und auf unserer Seite der Freiraum zur genauen Beobachtung von Schülern sowie die Bereitschaft zur Suche, Wahrgenommenem angemessen zu begegnen, öffneten ihr die Tür.

Anke:
Anke fand in dem vorgegebenen Ordnungsrahmen mit seinen Ritualen nach und nach den Halt, den sie benötigte, um zu einer inneren Organisation zu gelangen. Nach einem Jahr war bei ihr ein Entscheidungsprozeß erkennbar, der sich im zweiten Jahr bis zum klaren Formulieren von Interessen („heute mach ich das, morgen arbeite ich mit") ausreifte. Die Materialeigenschaft „Isolierung der Schwierigkeit" wirkte ihrer Neigung sich zu verzetteln entgegen, ermöglichte ihr eigenständigen Lernzuwachs und führte sie zum Wahrnehmen erworbener Fähigkeiten und Kenntnisse. Bei ihr war besonders auffällig, daß sie wochenlang das gleiche Material wählte, sie benötigte diese Zeit, bis sie „gesättigt" war und die notwendige Sicher-

heit verspürte, um dann mit jedem stolzen „Ich habe es gelernt! Ich kann es!" einen Schritt mehr in Richtung Entwicklung eines Selbstwertgefühls zu vollziehen. Nach und nach schöpfte sie ihre Möglichkeiten zur Selbständigkeit und Selbsttätigkeit voll aus, plante und führte Handlungsschritte aus und brachte im 3. Jahr vielfältige Ideen zur Materialvariation ein. Ihr erworbenes Selbstbewußtsein erzeugte eine positive Ausstrahlung. Im letzten halben Jahr war sie in der Lage, ihre Interessen gegenüber Mitschülern zu vertreten, so ließ sie sich zum Beispiel, wenn sie sich bereits eine Arbeit vorgenommen hatte, nicht mehr zur Partnerarbeit *überreden*, sondern stand zu *ihren* getroffenen Entscheidungen.

Werner:
„Die Freiheit des einen endet dort, wo die Freiheit des anderen beginnt". Im Sinne dieses Zitates von Maria Montessori war in der Anfangsphase von unserer Seite das konsequente Achten auf die Einhaltung der Arbeitsregeln zwingend erforderlich. Trotz ständiger Unterstützung einer Lehrperson konnte Werner nur bei Materialien, die eine Augenbinde erforderten, kurze Zeit verweilen. Um ihm die Erfahrung konzentrierten Arbeitens oft zukommen zu lassen, lenkten wir seine Materialentscheidung zunächst in diese Richtung und beeinflußten auch seine Arbeitsplatzwahl (ruhige Ecke). So konnte Werner sich neu erleben und allmählich seine Bedürfnisse wahrnehmen. Gegen Ende des ersten Jahres wählte Werner aus eigenem Antrieb Materialien zur Förderung der Motorik, bei denen er, einer meditativen Versenkung ähnlich, zur Ruhe fand und ohne räumliche Nähe einer Lehrperson arbeitete. Werner nahm im Laufe des zweiten Jahres getroffene Vereinbarungen zunehmend ernster und steigerte durch die Wahl lebenspraktischer Tätigkeiten seine Ausdauer auf 15 Minuten. Gleichzeitig wuchs sein Interesse an den Tätigkeiten der Mitschüler so weit, daß er nach Beenden seiner Arbeit, diesen zuschaute, ohne sie zu stören. Der „total nervige Schüler" war nicht mehr wiederzuerkennen.

Walter:
Walter fand sich problemlos in die Unterrichtsform ein, indem er sich an seinen Mitschülern orientierte. Er hatte durch die Freiarbeit Raum und Zeit entsprechend seinem Arbeitstempo zu einer Entscheidung zu finden (während die Mitschüler schon arbeiteten), sich beim Einrichten seines Arbeitsplatzes durch sehr interessiertes Beobachten der anderen „ablenken zu lassen" und seinen individuellen Arbeitsbeginn zu finden, um sich dann ausdauernd zu konzentrieren und weitgehend selbständig zu arbeiten. Freudig und stolz führte der Erstkläßler seine Freiarbeitsmappe!

Verbindung von Vorhabenunterricht und Freiarbeit

Grundsätzliche Überlegungen

Die Durchführung von Freiarbeit „gelingt um so besser, je mehr die neue Unterrichtsform in enger Verbindung zum übrigen Unterricht gestaltet wird. Es ist förderlich, wenn der gesamte Schulalltag Aspekte selbstbestimmten Lernens mit einbezieht und umgekehrt auch die in der Freiarbeit erworbenen Fähigkeiten und Kenntnisse im übrigen Unterricht ihre Anwendung und Berücksichtigung finden" (Köhnen, 1997, S. 9). Neben diesen wichtigen methodischen Gesichtspunkten kommt bei der vorhabenorientierten Freiarbeit der inhaltliche Aspekt hinzu, indem die Freiarbeitsmaterialien direkt aus dem Vorhaben erwachsen oder in Bezug dazu stehen. Diese enge Verflochtenheit wirkt auf mehreren Ebenen wechselseitig befruchtend, so daß sowohl die Freiarbeit als auch das Vorhaben an Intensität und Tiefe gewinnen:

Die im Vorhaben entstehende Erlebnisgrundlage erhöht nicht nur die Motivation der Schüler zur Auseinandersetzung mit den Freiarbeitsmaterialien, sondern sie läßt die Schüler auch ihre Interessen besser wahrnehmen und gezielter verfolgen. Die Schüler sind eher in der Lage, selbst Materialwünsche (und damit Lerninhalte) zu äußern oder selbst Erweiterungsmöglichkeiten zu bereitgestellten Materialien zu entwickeln, wenn sie in einem Thema mitleben. Umgekehrt ermöglicht die Freiarbeit:

- das individuelle Eindringen in unterschiedliche Aspekte eines Vorhabens
- Übung von Teilaspekten in Art und Häufigkeit entsprechend den individuellen Förderbedürfnissen
- erweiternde Angebote gemäß den individuellen Lernfortschritten, die weit über das hinausgehen, was im Gesamtunterricht an Differenzierung möglich ist
- Hinzunahme spezieller Lerninhalte zur Berücksichtigung von besonderen Interessen.

Diese individuelle Verarbeitung der Vorhabeninhalte wiederum versetzt die Schüler in die Lage, selbständiger und souveräner am weiteren Vorhabenverlauf teilzunehmen und diesen auch mitzugestalten:

Seit Einführung ist auch unsere Unterrichtsplanung offen. Der bisher übliche Rahmenplan gleicht jetzt zu Beginn eines Vorhabens eher einem Arbeitspapier, das im Vorhabenverlauf je nach eingebrachten Schülerinteressen verändert, ergänzt oder vertieft wird. Der Computer vereinfacht die ständige Überarbeitung des Plans, den wir dann am Ende eines Vor-

habens in seiner entgültigen Fassung ausdrucken. Auch die im Materialteil vorgestellten Vorhabeninhalte sind auf diese Weise entstanden, wobei der Schüleranteil nur unter „Jede Jahreszeit hat ihre Farbe" explizit beschrieben wird.
Die Freiarbeitsmaterialien entstehen im Vorhabenverlauf aus der Begegnung mit den Schülern heraus. Die Anzahl der Materialien nimmt so jeweils allmählich zu, wobei manche während des gesamten Vorhabens aktuell bleiben, andere nach einiger Zeit ihren Anreiz verlieren und neuen Materialien Platz machen.

Vorhabenorientierte Materialentwicklung

Ausgangspunkt und Grundlage für die Materialentwicklung sind die Vorhabenschwerpunkte, die sich aus dem Vorhabenverlauf ergebenden Lerninhalte, sowie die beobachteten oder formulierten Interessen und Förderbedürfnisse der Schüler, wobei der Erfolg der Freiarbeit entscheidend von der richtigen Auswahl und der Qualität des Materials abhängt. Die im folgenden aus Literatur und Unterrichtspraxis zusammengetragenen Aspekte sollen die Entwicklung geeigneter Materialien erleichtern. Alle zur Veranschaulichung erwähnten Materialien sind im Materialteil enthalten; überhaupt wird vor dem Lesen dieses Kapitels ein erstes Überfliegen des Materialteils empfohlen.

Materialauswahl

Zur Berücksichtigung des *Prinzips der Ganzheitlichkeit* erweist sich bei der Ideensammlung eine Gruppierung nach folgenden *Bereichen oder Aufgabenschwerpunkten* als sinnvoll:

- Wahrnehmung (Schmecken, Riechen, Fühlen, Sehen, Hören)
- Motorik (Grobmotorik, Feinmotorik, Bewegungskoordination, Übungen des täglichen Lebens)
- Sprache (Sprachverständnis, Begriffsbildung, Lautbildung, Satzbildung)
- Sach- oder kognitiver Aspekt (Wissens- und Kenntniserwerb, Aufbau von Strukturen und Ordnungen,.....)
- Kreativität/Gestalten (Malen, Tonen, Kneten, ...)
- Lesen/Schreiben/Rechnen (Anmerkung: in unserer Klasse nicht in die Freiarbeit sondern in die Unterrichtsform Wochenplanarbeit eingebunden)

Zu jedem Vorhaben sollten Materialien aus allen aufgeführten Gruppen integriert werden, wobei jedoch die Anzahl je nach Thema variieren kann: Beim Thema Körper stand z.B. der Aspekt Wahrnehmung im Vordergrund, beim Thema Frühstück der Aspekt Motorik (vgl. im Materialteil die angegebenen Aspekte). Auch das Alter und die Förderbedürfnisse beein-

flussen die Materialschwerpunkte, beim Thema Körper werden z.B. in einer Werkstufe mehr Materialien zum Sachaspekt zu finden sein als in einer Unterstufe.
Neben den genannten Bereichen beinhaltet das Prinzip der Ganzheitlichkeit auch das *Ermöglichen verschiedener Sozialformen,* d.h. es sollten stets einige Materialien vorhanden sein, die auch eine Zusammenarbeit zulassen (vgl. z.B. Klangmemorie, Satzbaukarten Müsli).
Zur Gewährleistung verschiedener Sozialformen empfiehlt es sich darüber hinaus Materialien einzubringen, die zwingend auf Partnerarbeit angelegt sind (vgl. Mein Rücken kann sehen, Das Geschenk). Auch schwerer behinderte Schüler können an einer Partnerarbeit teilhaben (vgl. Abb. 49).

Bei der Ideensammlung muß auch das *Prinzip der Selbsttätigkeit* seine Würdigung finden. Selbsttätigkeit ist mehr als bloßes Agieren und erschöpft sich auch nicht in Zuordnungsübungen. Selbsttätigkeit beinhaltet vielfältige Formen der Erarbeitung, Vertiefung oder Übung in allen genannten Bereichen und kann u.a. im Einzelnen bedeuten: Informationen aufnehmen, Zusammenhänge erkennen, Einzelheiten erkennen, Strukturen erfassen, unterscheiden, gliedern, ordnen, wiedererkennen, vergleichen, probieren, prüfen, verändern, planen, experimentieren,..... (vgl. Potthoff, 1992, S. 42f), elementare Tätigkeiten schulen (greifen, loslassen, hinstellen,........), lebenspraktische Fertigkeiten ausbilden (schöpfen, eingießen, schneiden, ...).

Soll das Material mehr als bloßes Handeln, sondern gezielte Lernprozesse bewirken, muß es auf den *Entwicklungsstand der einzelnen Schüler* genau abgestimmt sein. Nur an einem Material, das weder über- noch unterfordert, kann ein Schüler motiviert lernen. Dies setzt die *Beobachtung* der Schüler vor und während des Vorhabens und der Freiarbeit voraus:

- Bauen geplante Materialien auf eine Fertigkeit auf, die noch nicht alle Schüler beherrschen, ist es sinnvoll, deren Übung isoliert durch ein Material mit diesem Schwerpunkt zu ermöglichen (Beispiel: „Körner schöpfen“ als Vorübung für „Körner mahlen, Müsli zubereiten,.....“)
- Zeigen sich bei einem Schüler bei einem Handlungsschritt eines Materials so große Schwierigkeiten, daß er ihn nicht ohne Mißerfolg ausführen kann, ist es Aufgabe der Lehrkraft ein Material zur Zwischenübung anzubieten (Beispiel: Material „Müsli zubereiten“, Handlungsschritt Milch einfüllen, Zwischenübung: Material „Wasser gießen“). Werden die Überlegungen für den Schüler transparent, bewirkt dies nicht nur die Wahl der Zwischenübung, sondern auch die Entwicklung einer realistischen Selbsteinschätzung.

- Wählt ein Schüler weiterhin ein Material, das ihn nicht mehr fordert, kann die Lehrkraft es so abwandeln, daß eine neue Anforderung entsteht (Beispiel: „Körner schöpfen", Steigerung der Schwierigkeit durch Hinzunahme eines Säckchens).

Neben den Förderbedürfnissen ist die *Berücksichtigung der Interessen* der Schüler von großer Bedeutung bei der Materialentwicklung:

- Machen ein oder mehrere Schüler bei einem Vorhabeninhalt deutlich, daß sie sich noch näher damit beschäftigen wollen, ist es Aufgabe der Lehrkraft, das verwendete Anschauungsmaterial in ein Material zum selbstgesteuerten Lernen (vgl. Kriterien zur Materialherstellung) umzuwandeln. Die Interessensbekundung kann verbal erfolgen („Das soll in die Freiarbeit", Schülerzitat), mittels Zeigegeste bei nichtsprechenden, jedoch freiarbeitserfahrenen Schülern (Zeigen auf das Freiarbeitsregal), oder sublimer: ruhiges Sitzen bei hyperaktiven Kindern, konzentrierte Teilhabe bei leicht ablenkbaren Schülern, Zeigen einer Reaktion bei schwerbehinderten Schülern,.........
- Auch Fragen von Schülern können ihre Antwort in einem Material finden, z.B. auf eine Schülerfrage nach dem Namen der zum „Körner ernten" mitgebrachten Getreidesorten entstand das Material „Ähren unterscheiden"
- Schülervorlieben können auch bei der Detailgestaltung eines Materials ihre Entsprechung finden, was erheblich dessen Aufforderungscharakter erhöht. Beispiele:
  - allgemeiner Stellenwert: Beim „Fotopuzzle" werden nicht beliebige Portraits verwendet, sondern unter Berücksichtigung des Stellenwertes die der Mitschüler.
  - Modeerscheinungen: Die Jahreszeitenpüppchen tragen Kopfbedekkungen, da diese ein wichtiges Pausenthema darstellen
  - Sensible Phasen: „Jahreszeitentablett, Jahreskreis und Natur im Jahresablauf" haben die gleiche Zielsetzung, berücksichtigen jedoch die unterschiedlichen Vorlieben der Schüler für die Übung bestimmter Fertigkeiten: zuordnen, malen, schneiden, kleben
  - Abneigungen: Bei Materialien zur Wahrnehmung sollten z.B. Geruchs- oder Geschmacksabneigungen beachtet werden
- Für besonders beeindruckende Teilvorhaben sollte nach einer Verarbeitungsmöglichkeit oder einem Material zum Nacherleben gesucht werden. Beispiele:
  - Besuch einer Mühle: „Körner mahlen"
  - Besuch im Wolfspark: „Wolfspuzzle, Wolf im Wald, Schneiden"
  - Besuch eines Konzertes: „Partiturkarten"
  - Bilderbucherarbeitung: „Tischtheater"

Eine Materialentwicklung aus einem Vorhaben heraus impliziert, daß:

- die meisten Materialien für alle Schüler zur Auswahl stehen, wobei Unterschiede im Leistungsniveau, Ausdauer und Interessen durch Vereinfachungs- und Erweiterungsmöglichkeiten ihre Berücksichtigung finden
- manche Materialien speziell im Hinblick auf besonders leistungsschwache oder -starke Schüler bereitgestellt werden. Mit den Schülern abgesprochen wird dies in der Regel von allen Schülern akzeptiert, eine Kennzeichnung mit Namen kann hilfreich sein.

„Freiarbeit ist eine Unterrichtsform, die entgegen dem Augenschein sehr zielgerichtet vorgeht" (Schulte-Peschel; u.a., 1996, S. 89). Die unverzichtbare Führung wird in das didaktische Material gelegt. Basierend auf eine durchdachte und auch fach- und sachlogische Aspekte berücksichtigende Materialauswahl widerlegt die Praxis der Freiarbeit kritische Bedenken und Thesen, die diese Unterrichtsform bei Schülern mit einer geistigen Behinderung in Frage stellen, wie z.B. Freiarbeit könnte „zu punktuellen, wechselnden Beschäftigungen führen, so daß ein zusammenhängendes Lernen, ein der Sachstruktur folgendes Vorgehen zu wenig Berücksichtigung findet. Die Gegenthese also lautet: Besonders jüngere und lernschwache Schüler, also solche mit besonders hohem Förderbedarf, sind überfordert, wenn sie Unterrichtsinhalte und -materialien selbst auswählen und erforderliche Aufgabenstellungen eigentätig bewältigen sollen" (Fischer, 1997, S, 8/9). Auch die Frage, ob Freiarbeit mit jüngeren Schülern mit erhöhtem Förderbedarf möglich ist, findet ihre Antwort in der pädagogischen Grundhaltung des Lehrers und der Qualität des Materials!

Qualität des Materials

Nach der Entscheidung des Lehrers für ein bestimmtes Material gilt es bei dessen Beschaffung oder Herstellung bestimmte Kriterien zu beachten, wobei nicht jedes Material alle, jedoch möglichst viele erfüllen sollte:

- *Isolierung der Schwierigkeit:*

Maria Montessori bewirkte bei ihrem Material durch die Isolierung der Eigenschaften der Dinge oder der Sinne eine „Polarisierung der Aufmerksamkeit, d.h. eine tiefe von innen kommende Bindung an einen Gegenstand" (Montessori-Material, 1986, S. 8). Entsprechend diesem Vorgehen sollte sich ein Material auf ein Lernziel beschränken und eine klare Aufgabenstellung beinhalten.

- *Aufbauende Struktur:*

Für jedes Sinnesgebiet bietet Maria Montessori Materialien mit unterschiedlichem Schwierigkeitsgrad. Ein Kind kann solange bei einem Material verweilen, bis es von innen gesättigt ist, um dann zur nächsten Schwierigkeitsstufe fortzuschreiten (vgl. Montessori-Material, 1986, S. 31). In diesem Sinne sollten die bereitgestellten Materialien, fach- und sachlogische Strukturen berücksichtigend, aufeinander aufbauen und auf das individuelle Förderbedürfnis abgestimmt sein. Die Materialien können sich innerhalb eines Vorhabens (vgl. z.B. Jahreszeitentablett, Kleine Jahreskette) oder in aufeinander folgenden Vorhaben (vgl. z.B. Satzbaukarten Frühstück, Der oder die?, Satzbaukarten Peter und der Wolf, Körperteilememorie) aufeinander beziehen. Ein Material kann auch durch Erweiterungsmöglichkeiten in sich selbst aufbauend sein (vgl. Perlenmaterial).

- *Wiederholbarkeit:*

Wiederholungen ermöglichen das tiefe Eindringen und Verweilen bei einem Thema (vgl. Montessori-Material, 1986, S. 8). „...... die Kinder finden es durchaus nicht langweilig, mehrmals dasselbe zu tun. Sie brauchen diese Wiederholungen zur Festigung der inneren Struktur, die sich beim Handeln aufbaut. Dabei benötigen die Kinder unterschiedlich viele Übungen, und keine Lehrkraft ist in der Lage, die angemessene Zahl zu bestimmen“ (Potthoff, 1992, S, 19). Das kann nur das Kind selbst! Auch wir beobachten, daß Schüler zunehmend genauer und so lange mit einem Material arbeiten, bis die Übung leicht gelingt.

- *Individuelle Arbeitsdauer:*

Läßt ein Material eine variable Arbeitsdauer zu, werden Frustrationserlebnisse verhindert. Eine Unterteilung in kurze Einheiten, die erweitert werden können, ermöglicht dem Schüler, die Dauer seiner Arbeit selbst zu bestimmen. Beispiel: Beim Material „Körner schöpfen“ zu einer kleinen vorgegebenen Menge zusätzliche Körner in einem Schraubdeckelglas zur Wahl stellen.

- *Einmaligkeit:*

„Jedes Material wird nur einmal bereitgestellt, um bei den Schülern Einigungsprozesse in Gang zu setzen. Gleichzeitig verhindert man, daß ein Arbeitsmittel nur genommen wird, weil der Nachbar gerade damit arbeitet und fördert so die Entwicklung echter Entscheidungen. Auch die Fähigkeit, einen Wunsch aufzuschieben wird geübt“ (Köhnen, 1997, S. 10).

- *Haltbarkeit:*

Das Material muß vielfachen Verwendungen standhalten. Tip: Ein Laminiergerät ermöglicht die schnelle und stabile Überziehung von Arbeitsmitteln aus Papier mit Folie.

- *Selbstkontrolle:*

„Selbstverantwortliches Lernen setzt voraus, daß möglichst jedes Material eine vom Lehrer unabhängige Kontrolle ermöglicht. Folgende Gestaltungs-

möglichkeiten haben sich bewährt:
- Farbmarkierungen, Formmarkierungen, Ecken (Puzzleprinzip)
- bei der isolierten Schulung eines Sinnes wird das Ergebnis vom Schüler selbst durch einen anderen Sinn geprüft
- das Material beinhaltet eine Kontrolle: es ist nach seiner Bearbeitung stimmig
- Kontrolle durch den Partner
- Vergleich einer Vorlage, hierbei muß der Schüler fähig sein, genau zu vergleichen" (Köhnen, 1997, S. 10)

- *Ästhetik:*

„Das Material muß den Schüler reizen, es in die Hand zu nehmen. Ästhetisch gestaltetes Material erhöht nicht nur die Freude damit zu arbeiten, sondern fördert auch die Wertschätzung für die Dinge und entwickelt den Sinn für das Schöne" (Köhnen, 1997, S. 11). Ästhetik bezieht sich jedoch nicht nur auf den Gesichtssinn. Den Aufforderungscharakter erhöhen auch:
- angenehme Berührungsreize (z.B. Stoffball, Holzschöpflöffel)
- eine positive Empfindungen auslösende Namensgebung (z.B. Das Geschenk, Partitur)
- die Stimmigkeit des Zubehörs (z.B. die kleinen Schmuckkästchen bei der Monatstafel)

- *Präsentation:*

Alle Arbeitsmittel sollten so hingerichtet sein, daß sie problemlos zum Arbeitsplatz getragen werden können und daß der Schüler sofort mit der Arbeit beginnen kann. Sehr geeignet sind Tabletts, zum Material passend aus Holz oder Kunststoff in einer dem Zubehör entsprechenden Größe.

- *Materialbeschaffenheit:*

Die Materialbeschaffenheit erhöht nicht nur den Aufforderungscharakter, sondern ein passender Werkstoff wirkt sich auch förderlich auf die Lerninhalte aus. Beispiele:
- Chiffontücher wecken durch ihre Eigenschaften (Leichtigkeit, Formbarkeit, Farbtöne) die Phantasie (vgl. Tischtheater)
- Aquarellfarben führen durch ihre fließende Eigenschaft bei der Naß-in-Naß-Technik auch leistungsschwächere Schüler zu einem schönen Ergebnis und fördern so die Freude am Gestalten
- Holzstifte schulen das Druckempfinden
- Naturgetreue Abbildungen fördern die Sachkenntnis (vgl. Tiere)

Materialsymbolkärtchen

Nicht unbedingt erforderlich, jedoch bei Schülern sehr beliebt sind Materialsymbolkärtchen.

In unserer Klasse ist es den Schülern ein Bedürfnis, ihre Arbeit zu dokumentieren. Jeden Montag heften sie einen Wochenvordruck in ihre Freiarbeitsmappe, auf den sie nach Beenden der Arbeit das entprechende Materialsymbolkärtchen unter den jeweiligen Wochentag kleben. Die Freiarbeitsmappe ist den Schülern sehr wichtig: sie können nicht nur anderen zeigen, was sie gearbeitet haben, sondern auch ihr eigenes Tun durch Nachschlagen reflektieren.
Außer zur Dokumentation sind die Materialsymbolkärtchen u.a. auch verwendbar:

- für die Erstellung eines Klassenarbeitsplans: die Schüler kennzeichnen im Vorgespräch ihre Materialwahl, indem sie ihren Namen unter das entsprechende Materialsymbol heften
- zur Kennzeichnung des Regalplatzes

Anmerkung: Die zu den vorgestellten Materialien gehörenden Materialsymbolkärtchen sind im Anhang als Kopiervorlagen zusammengestellt. Zur Erleichterung der Zuordnung sind diese numeriert und bei der Materialübersicht jeweils die entsprechenden Zahlen in Klammern angegeben.

Materialwertschätzung

„Paßt auf *unser* Material auf" – so die besorgte Ermahnung einer Schülerin als wir Material für eine Fortbildung mitnahmen. Die Schüler lieben *ihr* Material, und der pflegliche Umgang mit den „Kostbarkeiten" ist eine Selbstverständlichkeit.
Zur Materialwertschätzung trägt nicht nur die ästhetische Gestaltung sondern auch die Haltung des Lehrers bei. Bei der Einführung eines Materials sollte er sich seiner Vorbildfunktion bewußt sein und die eigene Wertschätzung in Gestik, Wortwahl und Handhabung zum Ausdruck bringen.

Klassenbücherei

Die beliebtesten Bücher in unserer Klassenbücherei sind diejenigen, die die Schüler selbst „geschrieben" haben.
Während der Freiarbeit haben die Schüler auch die Möglichkeit an einem Buch zu arbeiten: Vorhabenverlauf, besondere Ereignisse und die wichtigsten Sachinformationen werden von den Schülern in Form gestalterischer Darstellungen, gesammelten Abbildungen, Fotos, Arbeitsblättern, Wortkarten, Texten, ... festgehalten und in einem Ordner, versehen mit dem Thema des Vorhabens und entsprechendem Titelbild, gesammelt.

Vorhabenorientierte Freiarbeit – Mehrarbeit oder Entlastung?

Freiarbeit lebt von den bereitgestellten Materialien, die bei der Vorhabenorientierung zu jedem Vorhaben neu besorgt oder selbst hergestellt werden müssen und impliziert so einen deutlich erhöhten Vorbereitungsaufwand.
Während des Unterrichtes jedoch ist der Lehrer in dieser Form von seiner anstrengenden Animationsfunktion befreit und mit zunehmender intrinsischer Motivation und konstruktiver Selbsttätigkeit der Schüler auch von nervenden Störungen (vgl. Klippert, 1997). So gewinnt er den Freiraum:

- Schüler intensiver zu beobachten
- sich auf die Arbeit mit einem Schüler zu konzentrieren
- nach Eigenbedarf (auch Lehrer bringen ihre Sorgen, Erschöpfung oder Ärger mit in die Schule) auch mal nur die Ruhe zu genießen oder sich an der Tätigkeit und dem Lernzuwachs der Schüler zu freuen.

Darüber hinaus konnten wir eine weitere von Klippert erwähnte Entlastungsfunktion bei uns feststellen:
Die Entdeckung neuer pädagogischer und methodischer Fähigkeiten und die durch die kreative Arbeit an den neuen Lernmitteln entstehende konstruktive Zusammenarbeit im Team beleben, eröffnen neue Chancen und wirken dem Burnout-Effekt entgegen (vgl. Klippert, 1997, S. 11).

Mit der Praxis der Freiarbeit hat unsere Zufriedenheit und Freude am Beruf genauso deutlich zugenommen wie der Vorbereitungsaufwand und die Selbständigkeit der Schüler!

Teil 2: Materialien

Einführung in den Materialteil

Die im folgenden vorgestellten Materialien wurden im Hinblick auf die Schüler einer bestimmten Unterstufenklasse in deren 3. Freiarbeitsjahr entwickelt. Auch die innerhalb eines Vorhabens gewählten Schwerpunkte sind von den Schülern und den Schwerpunkten vorangegangener Vorhaben abhängig und beeinflußten so die Materialauswahl. Zum Körperthema boten wir zum Beispiel wenig Hörübungen an, da diese bei „Peter und der Wolf" einen großen Raum einnahmen. Manche Materialien setzen Freiarbeitserfahrung voraus, so stellt z.B. der gleichzeitige Einsatz von „Partiturkarten" und „Glocken" hohe Anforderungen an die Konzentrationsfähigkeit auf die eigene Arbeit. Manche Materialien konnten für eine Unterstufe nur so entstehen, weil durch die Freiarbeitspraxis Symbolverständnis, Arbeitshaltung und Fähigkeit zur Partnerarbeit bereits gewachsen waren.

Um die Verwendung des Materialteils als Börse im Sinne von Vorwort und Einleitung zu erleichtern, ist die Materialbeschreibung einheitlich strukturiert:
In der Kopfzeile ist der **Name** angegeben, darunter befindet sich die Auflistung des **Materials**. Ermöglicht ein Arbeitsmittel auch Partnerarbeit, wird dies mit einem * hinter dem Namen angezeigt, eignet es sich in abgewandelter Form auch für schwerbehinderte Schüler, ist es mit einem ° gekennzeichnet. Es folgt die Angabe der **Aspekte**, denen ein Material zuzuordnen ist, wobei nur die Hauptaspekte aufgeführt werden, und die Auflistung der wichtigsten Ziele unter **pädagogische Zielsetzung**. Die Bezeichnung **Bezug** gibt Aufschluß über die Einbindung ins Vorhaben und darüber, welche Materialien in direktem Zusammenhang stehen. Im Anschluß daran wird in knapper Form die **Handhabung und Kontrollmöglichkeit**, darunter die **Herstellung, bzw. Beschaffung** beschrieben. Unter **sonderpädagogische Hinweise** finden sich Aspekte, die beim Einsatz des Materials zu beachten sind, mögliche notwendige Vorübungen und/oder Abwandlungsmöglichkeiten für schwerbehinderte Schüler. Unter **Variationen** werden mögliche andere Sozialformen und weiterführende Übungen angegeben, wobei die Ideen, die Schüler selbst eingebracht haben, als solche gekennzeichnet sind.
Tip: Zur Entwicklung von Materialien zum Lesen, Schreiben und Rechnen (hier nur unter Variationen berücksichtigt) finden sich vielfältige Anregungen bei Heidjann (1995) und Raeggel (1997).

Materialien zu dem Vorhaben „Frühstücke wie ein König“

Vorstellen des Vorhabens

Grundsätzliche Überlegungen

„Frühstücke wie ein König“ (und selbstverständlich auch wie eine Königin) – dieses alte Sprichwort gewinnt in einer Zeit des fast-food und des Essens in Hast als reine Bedürfnisbefriedigung auf der einen Seite und des steigenden Bewußtseins um die Zusammenhang zwischen Ernährung und Gesundheit auf der anderen Seite wieder an Bedeutung. Ausreichend zu essen sowie eine reichhaltige Auswahl an Lebensmitteln sind für unsere Gesellschaft eine Selbstverständlichkeit (vgl. Kreisel – Heft 2, S. 5f).

Inmitten dieser Gewohnheit geht es darum den Blick zu lenken auf:

- den bewußten Umgang mit Nahrungsmitteln anhand des Frühstücks, stellvertretend für die anderen Mahlzeiten
- das bewußte Schmecken von Nahrungsmitteln
- die Entstehung von Lebensmitteln am ausgewählten Beispiel des Verarbeitungsprozesses vom Getreide zum Brot
- die Menschen, die im Prozeß der Nahrungsproduktion stehen, exemplarisch anhand der Berufe: Bauer, Müller, Bäcker
- die Eßkultur:
  - wie essen wir? (Genießen)
  - was essen wir? (Gesunde Ernährung)
  - wo essen wir? (Gestaltung des Tisches)

Darüber hinaus bietet das Vorhaben zahlreiche Möglichkeiten zur sinnvollen Einbindung von Übungen lebenspraktischer Fertigkeiten.

Lerninhalte/ Ziele des Vorhabens

Wir unterscheiden die Frühstückszutaten

- Erkennen und Benennen von Brot, Milch, Butter, Marmelade, Honig, Käse, Banane, Apfel, Haferflocken, Tee, Quark, Joghurt,....
- Zuordnen von Bildkarten
- Geschmacks- und Geruchsübungen

Körner schmecken gut

- Begriffe: Ähre, Halm, Korn, Getreide, Körnerbrei, Getreideflocken
- Besuch einer Mühle
- Korn mahlen

- Körnerbrei aus gemahlenen Körnern mit Obst und Joghurt zubereiten
- Getreideflocken kennenlernen
- Müsli aus Getreideflocken zubereiten
- Besuch einer Bäckerei
- Brotteig aus selbst gemahlenen Körnern herstellen
- Brot fürs Frühstück backen
- Körner keimen lassen
- Fladenbrot aus Keimlingen herstellen
- Rosinenbrötchen backen
- Unterscheidung grob-fein: Körner, Nüsse
- Wissen, daß es verschiedene Getreidesorten gibt
- Erfassen des Weges vom Korn zum Brot
- Körner und Getreideprodukte sind gesund

Wir genießen das gemeinsame Frühstück
- Erleben des Frühstücks als etwas Schönes, durch das die Gemeinsamkeit gefördert werden kann
- Bewußtes Schmecken der Lebensmittel
- Genüßlich-langsames Kauen
- Beitragen zu einer besonderen Atmosphäre durch:
  - Abwarten, bis alle bereit sind
  - Einen schön gedeckten Tisch

Wir decken den Tisch
- Wissen, was dazu benötigt wird: Teller, Tasse, Messer
- Achten auf die richtige Anordnung der Gedecke
- Erleben und Wissen, womit man den Tisch besonders schön decken kann: Kerzen, Servietten, Deckchen, Blumen
- Was gehört nicht auf den Frühstückstisch?

Lebenspraktischer Aspekt
- Umgang mit dem Messer: streichen, durchschneiden, Obst kleinschneiden
- Dosierung von Butter und Marmelade
- Getränke eingießen
- langsam kauen, nicht stopfen, möglichst sauber essen

Materialübersicht

Wahrnehmung:
- Geschmacksgläser (1)
- Geruchsschälchen (2)
- grob oder fein? (3)
- Ähren unterscheiden (4)

Motorik (Übungen des täglichen Lebens):
- Körner ernten (5)
- Körner schöpfen (6)
- Körner mahlen (7)
- Keimlinge ansetzen (8)
- Müsli zubereiten (9)
- Wasser gießen (10)
- Servietten falten (11)

Kognitiver Aspekt:
- Vom Korn zum Brot (12)
- Was gehört nicht auf den Frühstückstisch? (13)
- Gesund oder nicht gesund? (14)

Sprache:
- Ähre (15)
- Frühstücksmemorie (16)
- Satzbaukarten „Frühstück" (17)
- Satzbaukarten „Müsli" (18)

Kreativität/Gestalten:
- Gestalten einer Ähre (19)
- Tischkarten (20)

Geschmacksgläser * °

Material: Kunststofftablett, kleine Schraubdeckelgläser gefüllt mit ausgewählten Nahrungsmitteln, Augenbinde, kleine Löffel (2 mehr als Gläser)

Aspekte:
- Wahrnehmung (gustatorisch)
- Sprache
- Motorik (Übungen des täglichen Lebens)

Pädagogische Zielsetzung:
- Schulung des Geschmackssinns
- Unterscheidung von Geschmacksqualitäten
- Erkennen ausgewählter Nahrungsmittel am Geschmack

Bezug:
- Materialien: Geruchsschälchen, Frühstückslotto, Frühstücksmemorie
- Geschmackserfahrungen beim Frühstück

Handhabung/Kontrolle:
- Partnerarbeit: Absprache der Rollen
- Gemeinsames Öffnen der Gläser, in jedes Glas einen Löffel geben
- Ein Schüler verbindet dem Partner die Augen und schöpft mit dem Löffel ein wenig aus einem Glas auf dessen Löffel
- Dieser Schüler schmeckt, benennt oder zeigt das entsprechende Nahrungsmittel (je nach Möglichkeit auch die Geschmacksrichtung)
- Kontrolle durch den Partner
- Rollenwechsel

Herstellung/Beschaffung:
- Supermarkt oder Lehrküche: Honig, Marmelade, Quark, Käse,.......

Sonderpädagogische Hinweise:
- Das Material beinhaltet viele lebenspraktische Tätigkeiten: Aufschrauben, Schöpfen (Dosierung), Anreichen, Spülen und Abtrocknen der Löffel, Verschließen der Gläser,....
- Mit im Unterricht erarbeiteten und unterschiedlich schmeckenden Nahrungsmitteln beginnen
- Für Schüler, die beim Schöpfen überfordert sind: Probierstäbchen
- Für schwerbehinderte Schüler: Sammeln von Geschmackserfahrungen

- Zur Einbeziehung der Verbesserung der Zungenmotorik: Nahrungsmittel zum Ablecken oder Aufnehmen mit dem Mund auf ein kleines Tellerchen geben

Variationen:
- Unterscheiden ähnlich schmeckender Nahrungsmittel: Brotsorten, Obstsorten, Nußsorten, Milchprodukte,.......
- Unterscheiden von Geschmacksqualitäten, z.B. süß – sauer (Nahrungsmittel entsprechend auswählen)
- Als Einzelarbeit: Testen von selbst initiierten Veränderungen der Geschmacksqualität, z.B. Brot oder Quark mit Honig, Marmelade, Salz, viel oder wenig Zucker, Banane,........

Abb. 3

Geruchsschälchen ° *

Material: Kunststofftablett, 6 Glasschälchen, je zwei gefüllt mit Kakaopulver, Kaffeepulver, Pfefferminze, 6 Untertassen zum Bedecken der Glasschälchen

Aspekte:
- Wahrnehmung (olfaktorische)
- Sprache

Pädagogische Zielsetzung:
- Bewußtes Wahrnehmen von Gerüchen
- Unterscheidung und Benennen ausgewählter Düfte
- Förderung der Nasenatmung
- Schulung des Geruchssinns

Bezug:
- Frühstücksgetränke

Handhabung/Kontrolle:
- Aufdecken der Glasschälchen
- Schälchen vom Tablett auf den Tisch stellen
- Augenbinde anlegen
- Ein Schälchen aussuchen, riechen, den Duft benennen, das passende Schälchen durch Riechen herausfinden und Paare bilden
- Selbstkontrolle durch Abnehmen der Augenbinde

Herstellung/Beschaffung:
- Lebensmittel aus der Lehrküche oder Supermarkt
- Schälchen zusammen mit den Schülern füllen
- Nach einiger Zeit, wenn der Geruch nicht mehr intensiv genug ist, neu füllen

Sonderpädagogische Hinweise:
- Bei der Einführung des Materials genau zeigen, wie man riecht: Einatmen durch die Nase
- Beim Frühstück Getränke (Kaffee, Tee, Kakao) bewußt riechen
- Vorübungen: ohne Augenbinde riechen, benennen und paaren
- Für Schwerbehinderte: Sammeln von Geruchserfahrungen
- Differenzierung durch Anzahl der Gerüche, weitere Teesorten aus dem Erfahrungsbereich der Schüler, z.B. Fenchel, Hagebutte....

Variationen:

- Zuordnen von Bildkarten
- Zuordnen von Wortkarten
- Als Partnerarbeit: Ein Schüler reicht dem Partner ein Schälchen, dieser riecht und benennt, Kontrolle durch den Partner
- Hinzunahme von Frühstücksspeisen: Marmelade, Honig, Brot,......: nach dem Identifizieren Ordnungen bilden (Getränke – Speisen)

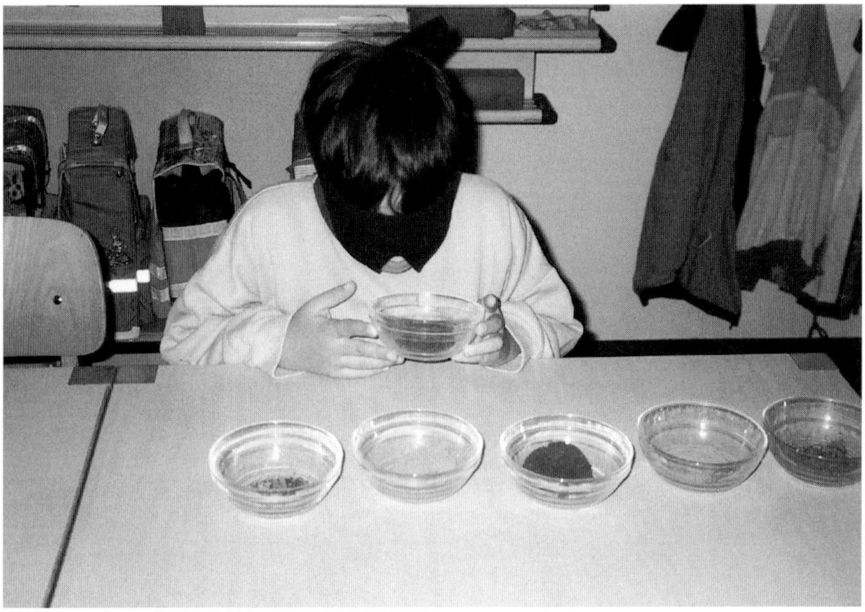

Abb. 4

grob oder fein?

Material: Kunststofftablett, 4 Glasschälchen, je zwei gefüllt mit fein und grob gemahlenem Mehl, Augenbinde

Aspekte:
- Wahrnehmung
- Sprache

Pädagogische Zielsetzung:
- Entwickeln und Verfeinern des Tastsinns
- Unterscheidung grob – fein

Bezug:
- Körner mahlen
- Brot backen

Handhabung/Kontrolle:
- Durch Fühlen (Augenbinde) der Schälcheninhalte mit den Fingern passende Schälchen einander zuordnen
- Selbstkontrolle durch Abnehmen der Augenbinde

Herstellung/Beschaffung:
- Mehl mit den Schülern grob und fein mahlen und in die Schälchen füllen

Variationen:
- Tasttäfelchen (Montessori-Material oder Selbstherstellung) zuordnen
- Hinzunahme von gröber, feiner

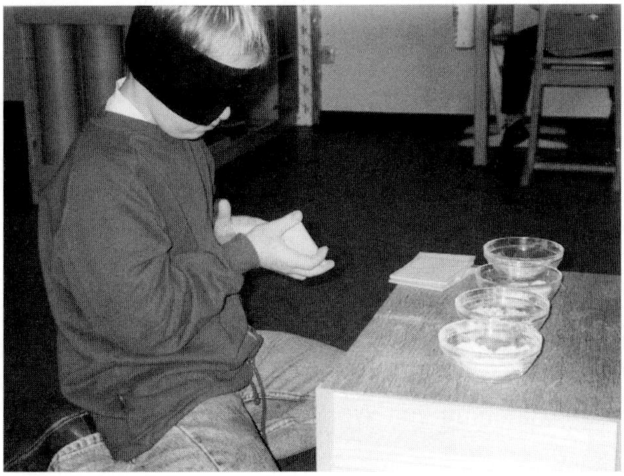

Abb. 5

Ähren unterscheiden °

Material: Holztablett, Körbchen mit Ähren (Roggen, Weizen, Hafer), Bildkarten

Aspekte:
- Förderung der Wahrnehmung (visuell)
- Sprache (Begriffsbildung)

Pädagogische Zielsetzung:
- Unterscheiden der Ähren durch Vergleichen (Fühlen, Sehen)
- Sortierübung (Ordnungen herstellen)
- Erweiterung des passiven /aktiven Wortschatzes

Bezug:
- Materialien: Körner ernten, Ähre, Körner mahlen
- Brot backen

Handhabung/Kontrolle:
- Bildkarten nebeneinander legen
- Eine Ähre aus dem Körbchen nehmen, genau betrachten und befühlen, den Bildkarten zuordnen
- Kontrolle durch den Lehrer

Herstellung/Beschaffung:
- Getreide nach Möglichkeit mit den Schülern auf dem Feld schneiden

Sonderpädagogische Hinweise:
- Differenzierung durch Anzahl der Getreidesorten und der Ähren
- für schwächere Schüler: nur Zuordnung gleicher Ähren
- für schwerbehinderte Schüler: Material- und Körpererfahrung (Ähren mit der Hand berühren, über Gesicht und Arme streifen, Zerreiben, ...)

Variationen:
- Entsprechende Getreidekörner (Glasschälchen) in die Zuordnung einbeziehen (Schüleridee!)
- Zuordnen von Getreideprodukten (Abbildungen laminieren)
- Getreidesorten malen (Schüleridee!)
- Hinzunahme von Wortkarten (Namen der Getreidesorten)

Abb. 6: Ähren unterscheiden

Abb. 7: Ähren unterscheiden

Körner ernten

Material: Holztablett, große Glasschüssel, 2 kleine Glasschälchen, Ähren

Aspekte:
- Motorik
- Wahrnehmung

Pädagogische Zielsetzung:
- Schulung der Bewegungskoordination (Handflächen gegeneinander reiben)
- Genaues Hinsehen und gezieltes Greifen (Unterscheiden von Körnern und Schalen)
- Übung des Pinzettengriffs
- Einen Schritt vom Korn zum Brot selbst vollziehen (Erlebnisaspekt)
- Entwickeln von Geduld

Bezug:
- Körner zur Weiterverarbeitung gewinnen (Keimlinge ansetzen, Mahlen)
- Materialien: Ähre, Ähren unterscheiden, Körner schöpfen

Handhabung/Kontrolle:
- Ähren über der Schüssel zwischen den Handflächen reiben
- Schalen und Körner in die kleinen Glasschälchen sortieren
- In den Ähren verbliebene Körner mit den Fingern aus der Schale lösen
- Kontrolle entfällt

Herstellung/Beschaffung:
- Ähren auf dem Feld mit den Schülern schneiden

Sonderpädagogische Hinweise:
- Die Unterscheidung der Bestandteile einer Ähre sollte dem Einsatz des Materials vorausgehen
- Hyperaktive Kinder entscheiden sich bevorzugt für dieses Material und finden zur Konzentration und Ausdauer

Abb. 8: Körner ernten

Abb. 9: Körner ernten

Körner schöpfen °

Material: Holztablett, große Holzschale, Getreidekörner, kleine Holzschale, Holzschöpflöffel

Aspekte:
- Übungen des täglichen Lebens
- Förderung der Motorik

Pädagogische Zielsetzung:
- Schulung der Bewegungskoordination
- Schulung der Auge-Hand-Koordination
- Lernen, die Bewegung so behutsam auszuführen, daß kein Korn daneben fällt
- Entwickeln von Freude an der Beherrschung der Bewegung

Bezug:
- Müsli zubereiten
- Keimlinge ansetzen
- Getreide mahlen
- Essen rausschöpfen
- Besuch einer Mühle

Handhabung/Kontrolle:
- Große und kleine Holzschale auf dem Tablett nebeneinander stellen
- Körner mit dem Schöpflöffel in die kleine Holzschale füllen
- Selbstkontrolle: daneben gefallene Körner, diese werden sofort eingesammelt (Übung des Pinzettengriffes)

Herstellung/Beschaffung:
- Getreidekörner mit den Schülern einkaufen
- oder: „Körner ernten"

Sonderpädagogische Hinweise:
- Hyperaktive Kinder finden in dieser Übung Entspannung und kommen zur Ruhe
- für Schwerbehinderte:
  - Materialerfahrung: Hände in Körner tauchen, Körner durch die Hände rieseln lassen
  - mit der Hand (große Schöpfkelle) von einer großen Schüssel in die andere füllen

Variationen:

- Getreidekörner in ein kleines Säckchen schöpfen (Steigerung der Schwierigkeit)

Abb. 10 ↗ *Abb. 11* ↘

Körner mahlen

Material: Holztablett, Holzschälchen mit Getreidekörnern, Handmühle, kleiner Holzschöpflöffel, Glasschälchen

Aspekt: Motorik (Übungen des täglichen Lebens)

Pädagogische Zielsetzung:
- Koordination der Bewegung (gleichzeitiges Drehen und Halten)
- Entwickeln von Krafteinsatz, Anstrengungsbereitschaft und Durchhaltevermögen
- Selbsteinschätzung: Menge der Körner entsprechend der eigenen Ausdauer dosieren
- Einen Schritt vom Korn zum Brot selbst vollziehen (Erlebnisaspekt)

Bezug:
- Getreideschrot zur Weiterverarbeitung gewinnen (Brot backen, Müsli zubereiten

Handhabung/Kontrolle:
- Körner mit einem Schöpflöffel in die Mühle geben
- Das Korn durch Drehen der Handkurbel mahlen
- Getreideschrot in das Glasschälchen füllen
- Selbstkontrolle: Bei falscher Drehrichtung bleibt die Schublade leer

Herstellung/Beschaffung:
- Handgetreide- oder Handkaffeemühle (Bekanntenkreis?)
- Körner mit Schülern im Bioladen einkaufen, bzw. „Körner ernten“

Abb. 12

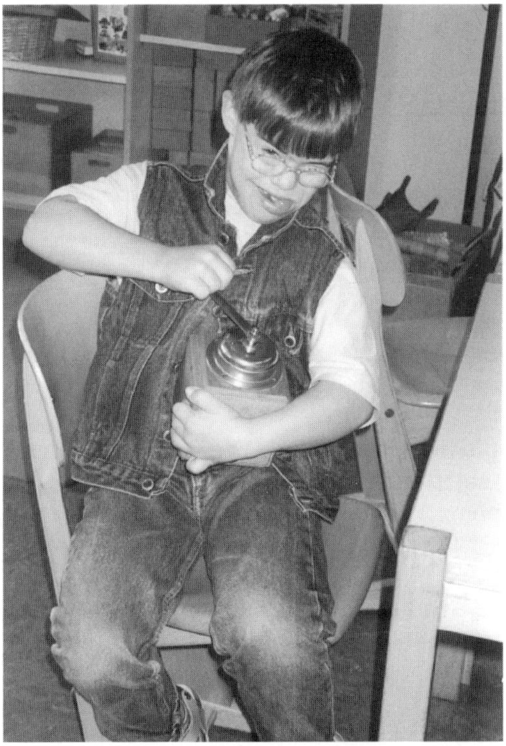

Abb. 13

Keimlinge ansetzen *

Material: Kunststofftablett, Glasgefäß mit Körnern, Sieb, Glasschüssel, Löffel, Tuch

Aspekt:
- Motorik (Übungen des täglichen Lebens)

Pädagogische Zielsetzung:
- Schulung der Bewegungskoordination und der Auge-Hand-Koordination
- Übung der Fertigkeiten: Umfüllen, Schöpfen
- Keimvorgang beobachten (Erlebnisaspekt)
- Verantwortung für eine Aufgabe über mehrere Tage übernehmen

Bezug:
- Materialien: Körner schöpfen, Wasser gießen
- Keimlinge zur Weiterverarbeitung gewinnen (Müsli, Fladenbrot)

Handhabung/Kontrolle:
- Körner in ein Glas schöpfen, lauwarmes Wasser einfüllen und 1 Stunde quellen lassen (nur am 1.Tag), dann an 6 Tagen:
- Das Sieb auf eine Glasschüssel legen und die Körner hineingeben
- Die Körner mit Wasser übergießen und abtropfen lassen
- Die Körner mit einem Löffel in das Glas schöpfen
- Das Glas mit einem Tuch abdecken
- Selbstkontrolle: verschüttetes Wasser, daneben gefallene Körner, wachsende Keime

Herstellung/Beschaffung:
- Körner aus dem Bioladen, Gefäße aus der Lehrküche

Sonderpädagogische Hinweise:
- Das Material setzt die Erarbeitung der Handlungsschritte im Rahmen der Teilvorhabens „Wir backen Fladenbrot aus Keimlingen“ voraus

Variationen:
- Partnerarbeit: 2 Schüler übernehmen die Aufgabe gemeinsam und sprechen ab, wer an welchem Tag die Arbeit weiterführt

Müsli zubereiten *

Material: Getreideschrot, Bananen, Äpfel, Milch, Messer, Brettchen, Reibe, Löffel

Aspekt: Motorik (Übung des täglichen Lebens)

Pädagogische Zielsetzung:
- Schulung der Bewegungskoordination und der Auge-Hand-Koordination
- Übung der Fertigkeiten: Schneiden, Reiben, Einfüllen, Eingießen, Umrühren
- Selbständiges Zubereiten einer Speise

Bezug:
- Materialien: Körner mahlen, Körner schöpfen, Satzbaukarten „Müsli"

Handhabung/Kontrolle:
- Hände waschen
- Banane schälen, schneiden, zum Getreideschrot geben
- Apfel reiben, mit Löffel zum Getreideschrot geben
- Milch in richtiger Dosierung einfüllen
- Umrühren
- Selbstkontrolle: zu große Obststücke, sowie zu flüssiges oder festes Müsli ißt sich nicht so gut

Herstellung/Beschaffung:
- Obst stets frisch auffüllen
- Getreideschrot wird am Vortag vom Schüler selbst gemahlen und eingeweicht

Sonderpädagogische Hinweise:
- Material setzt voraus, daß die Schüler die einzelnen Handlungsschritte sowie deren Abfolge kennengelernt haben (Teilvorhaben: Wir bereiten Müsli zu)
- Die Verwendung eines Rezeptes erleichtert den Schülern das Behalten der Handlungsabfolge (Rezept siehe Kopiervorlage 3)

Variationen:
- Partnerarbeit: arbeitsteilige Zubereitung eines Müslis für die ganze Klasse
- Andere Zutaten: Kiwi, Getreideflocken, Nüsse,.......

Wasser gießen

Material: Kunststofftablett, Teekanne, Teetasse, kleines Handtuch

Aspekt: Motorik

Pädagogische Zielsetzung:
- Schulung der Bewegungskoordination und der Auge-Hand-Koordination
- Übung der Fähigkeit, Getränke einzugießen
- Freude an der Beherrschung der Bewegung

Bezug:
- Beim Frühstück Tee eingießen

Handhabung/Kontrolle:
- Teekanne mit Wasser füllen
- Kanne hochheben, Wasser langsam in die Tasse gießen ohne die Kanne dabei aufzusetzen
- Achten, daß die Tasse nicht zu voll wird
- Mit dem Tuch den hängengebliebenen Tropfen abwischen
- Wasser zurück gießen, den Vorgang mehrmals wiederholen
- Selbstkontrolle: verschüttetes Wasser (sofort mit dem Handtuch aufwischen)

Herstellung/Beschaffung:
- Gefäße aus der Lehrküche oder Schultöpferei

Sonderpädagogische Hinweise:
- Vorübung: Gießen von einer Teekanne in die andere
- Hat ein Schüler Probleme zu erkennen, wann die Tasse voll ist: Vorübungen mit Glasgefäßen und gefärbtem Wasser (vgl. Köhnen, 1997, S. 31)
- Für schwächere Schüler: Schüttübungen mit Sand oder Reis
- Material ist bei hyperaktiven Kindern sehr beliebt, da sie in dieser Übung zur Ruhe finden

Variationen:
- Größere Anzahl von Tassen gleicher Größe
- Tassen unterschiedlicher Größe

Quelle: Montessori-Material Teil1 (Abwandlung der Übung Seite 11)

Servietten falten

Material: Holztablett, Servietten

Aspekte:
- Motorik
- Wahrnehmung

Pädagogische Zielsetzung:
- Schulung der Bewegungskoordination und der Auge-Hand-Koordination
- Erfassen von Formen und ihrer Raumlage
- Vorbereitung oder Festigung der geometrischen Begriffe „Dreieck, Viereck"
- Freude, zu der Gestaltung eines schönen Frühstückstisches beizutragen
- Entwickeln des Sinns für Ästhetik

Bezug:
- Genießen des gemeinsamen Frühstückes

Handhabung/Kontrolle:
- Serviette mit einer Ecke nach unten vor sich auf den Tisch legen
- Die untere Ecke auf die obere legen und mit Fingerdruck die Serviette glätten
- Selbstkontrolle durch Vergleich mit einem Modell (nach Bedarf durch Auflegen)

Herstellung/Beschaffung:
- Supermarkt
- Servietten stets nachfüllen

Sonderpädagogische Hinweise:
- Bei der Einführung der Arbeitsschritte auf die Veränderung der Form (Viereck, Dreieck) eingehen
- Als Hilfe können eine Ecke und eine Diagonale durch einen Punkt und eine Linie gekennzeichnet werden

Variationen:
- Weiterführende Falttechniken

Vom Korn zum Brot

Material: 4 Bildkarten (Bildfolge „Vom Korn zum Brot"), Legetafel

Aspekte:
- Sachwissen (kognitiver Aspekt)
- Sprache

Pädagogische Zielsetzung:
- Erfassen von bildlichen Darstellungen
- Ordnen einer Bildfolge entsprechend dem sachlogischen Ablauf
- Kenntnis des Weges „Vom Korn zum Brot"

Bezug:
- Materialien: Körner ernten, Körner mahlen
- Besuch einer Mühle und einer Bäckerei

Handhabung/Kontrolle:
- Bildkarten ungeordnet hinlegen
- Die einzelnen Bildkarten so heraussuchen und auf einer Legetafel auflegen, daß ihre Reihenfolge den Handlungsschritten entspricht
- Selbstkontrolle durch Numerierung auf der Rückseite oder durch Vergleich mit einer Vorlage

Herstellung/Beschaffung:
- Bildkarten: Getreidefeld, Mähen (Bauer), Mahlen (Müller), Backen (Bäcker); entnommen aus: Vom Korn zum Brot

Sonderpädagogische Hinweise:
- Das Material setzt voraus, daß die Schüler die Handlungsschritte kennengelernt haben
- Differenzierung durch Hinzunahme weiterer Bilder, z.B. Kaufen (Bäckerei)
- Für schwächere Schüler: Bilder einer Vorlage zuordnen

Variationen:
- Nach dem Ordnen eine Bildkarte aussuchen und abmalen (Schüleridee)
- Bildkarten „Samen, Keimling, Ähre" als eigenständiges Material „Vom Korn zur Ähre" oder zur Erweiterung der beschriebenen Bildfolge

Was gehört nicht auf den Frühstückstisch?

Material: Verpackungen ausgewählter Frühstückszutaten (Quark, Honigglas,...), Frühstücksgeschirr (Tasse,.....), nicht passende Dinge (Kamm, Zahnbürste,.....), Korb

Aspekte:
- kognitiver Aspekt
- Sprache

Pädagogische Zielsetzung:
- Bilden von Gruppierungen nach angegebenen Ordnungsprinzipien
- Erfassen funktionaler Eigenschaften ausgewählter Dinge
- Anregung produktiven Denkens (Selbstfindung von Klassifikationen)

Bezug:
- Frühstück, Tisch decken
- Materialien: Frühstücksmemorie

Handhabung/Kontrolle:
- Gegenstände aus dem Korb nehmen, benennen, überlegen und sortieren
- Selbstkontrolle durch ein Lösungsblatt oder Kontrolle durch den Lehrer

Herstellung/Beschaffung:
- Lehrküche, Haushalt, Verpackungen (vom Frühstück sammeln)

Sonderpädagogische Hinweise:
- Zur Auswahl der Gegenstände:
- Eindeutigkeit
- Beginn mit Dingen des täglichen Schulfrühstücks
- Je nach Schüler Hinzunahme weiterer Gegenstände
- Bei den nicht passenden Gegenständen zu Klassifikationen durch Zugehörigkeiten (Körperpflege, Kleidung,.....) anregen

Variationen:
- Hinzunahme eines Arbeitsblattes: Selbst entwerfen oder Kopiervorlage aus „Frühstücke wie ein König", S. 61
- Unterscheidung: Frühstückstisch – Mittagstisch

Gesund oder nicht gesund?

Material: Bildkarten mit Obstsorten, Getreideprodukten, Milchprodukten Süßigkeiten, Körbchen

Aspekte:
- kognitiver Aspekt
- Sprache

Pädagogische Zielsetzung:
- Gruppierung von Abbildungen nach angegebenen Ordnungsprinzipien
- Bilden von Oberbegriffen
- Unterscheiden von gesunden und nicht gesunden Nahrungsmitteln
- Entwickeln eines Bewußtseins für gesunde Ernährung/Körpergewicht

Bezug:
- Frühstück
- Abschlußimbiß (Schüler bringen eine Zwischenmahlzeit von zu Hause mit

Handhabung/Kontrolle:
- Symbole „gesund – nicht gesund" getrennt anordnen
- jeweils eine Abbildung aus dem Körbchen nehmen, betrachten, benennen und dem entsprechenden Symbol zuordnen
- Selbstkontrolle durch Farbmarkierungen auf der Rückseite

Herstellung/Beschaffung:
- Abbildungen aus Prospekten ausschneiden, auf der Rückseite markieren und laminieren
- Symbole gesund – nicht gesund mit den Schülern entwickeln

Sonderpädagogische Hinweise:
- Beschränkung auf bekannte und eindeutig zuordbare Nahrungsmittel
- Anmerkung: Das Material wirkte sich positiv auf den Abschlußimbiß aus (Die Schüler brachten zunehmend Obst statt Süßigkeiten mit)

Variationen:
- Hinzunahmen eines Arbeitsblattes: Streichen nicht gesunder Nahrungsmittel
- Ordnen der Bildkarten nach Oberbegriffen (als Ordnungshilfe Material um Abbildungen der Oberbegriffe ergänzen: Obst, Süßigkeiten,.......)

Ähre

Material: Halme, Ähren, Körner, Schalen, entsprechende Bildkarten, Körbchen

Aspekte:
- Sprache
- kognitiver Aspekt
- Wahrnehmung

Pädagogische Zielsetzung:
- Unterscheiden und Benennen der Bestandteile einer Ähre (passiver und aktiver Wortschatz)
- Zuordnung Naturgegenstände – Abbildungen
- Erfassen, daß der Begriff Ähre sowohl für die ganze Pflanze als auch für den oberen Halmteil verwendet wird

Bezug:
- Materialien: Körner ernten, Ähre gestalten, Ähren unterscheiden

Handhabung/Kontrolle:
- Bildkarten in großem Abstand nebeneinander legen
- Naturgegenstände aus dem Körbchen nehmen und zuordnen

Herstellung/Beschaffung:
- Bestandteile (Halm, Ähre, Korn, Schale) zeichnen oder Naturgegenstände auf Fotokarton aufkleben und laminieren
- Ähren mit den Schülern in ihre Bestandteile zerlegen und in ein Körbchen füllen

Sonderpädagogische Hinweise:
- Die intensive Beschäftigung mit dem Material dient als Vorbereitung des Materials „Körner ernten“ und als Hinführung zum gegenständlichen Malen (Material „Gestalten einer Ähre“)

Variationen:
- Aus den Bestandteilen eine Ähre (ganze Pflanze) zusammensetzen
- Ähren (ganze Pflanze) mit Tüchern (Teppich) oder Holzlegematerial (Tisch) gestalten, dabei die Bestandteile benennen
- Ähren kneten (Schüleridee!), jeweils Bestandteile benennen

Frühstücksmemorie * °

Material: Körbchen, Bildkarten mit ausgewählten Frühstückszutaten, paarweise gleich

Aspekte:
- Sprache
- kognitiver Aspekt

Pädagogische Zielsetzung:
- Erkennen und Benennen abgebildeter Frühstückszutaten (passiver und aktiver Wortschatz)
- Zuordnung gleicher Bildkarten

Bezug:
- Materialien: Was gehört nicht auf den Frühstückstisch, Geschmacksgläser, Geruchsschälchen, Satzbaukarten Frühstück, Satzbaukarten Müsli, Was gehört nicht auf den Frühstückstisch?
- Das tägliche Frühstück

Handhabung/Kontrolle:
- Bildkarten ungeordnet hinlegen
- Gleiche Bildkarten heraussuchen, benennen, und Paare bilden
- Selbstkontrolle: Zuordnung geht bei Fehlern nicht auf (bei schwächeren Schülern Kontrolle durch den Lehrer)

Herstellung/Beschaffung:
- Frühstückszutaten zeichnen, kopieren, colorieren, laminieren
- Kopiervorlage in: Frühstücke wie ein König

Sonderpädagogische Hinweise:
- Bildkarten sukzessiv entsprechend der Verwendung der Zutaten beim Frühstück einführen
- Differenzierung durch Anzahl und Auswahl der Bildkarten
- Für schwerer behinderte Schüler: statt Bildkarten Verpackungen der Zutaten oder diese selbst verwenden

Variationen:
- Als Partner- oder Gruppenarbeit: Memorie
- Zuordnen von Buchstabenkarten entsprechend den Anlauten der Abbildungen

- Zuordnen von Bildkarten – Gegenstände oder Wortkarten
- Nach der Zuordnung Bildkarten abmalen
- Frühstückslotto (vgl. Köhnen, 1997, S. 42)

Abb. 14: Frühstückslotto

Abb. 15: Frühstücksmemorie

Satzbaukarten „Frühstück" *

Material: Holztablett, Satzbaukarten, Legetafel

Aspekt: Sprache (Satzbildung)

Pädagogische Zielsetzung:
- Spielerisches Gewinnen einer elementaren Einsicht in die Struktur der Sprache
- Legen und Sprechen von 3-Wort-Sätzen
- Verändern von Satzinhalten durch Austausch von Wörtern

Bezug: Handlungen beim täglichen Frühstück

Handhabung/Kontrolle:
- Jeweils 3 Satzbaukarten auswählen (Schülerfoto, Tätigkeit, Nahrungsmittel), auf der Legetafel einen Satz bilden und verbalisieren
- Kontrolle durch Zahlen auf der Rückseite

Herstellung/Beschaffung:
- Fotos der Schüler laminieren
- Tätigkeiten „ißt" und „trinkt" (Kopiervorlage 1) sowie Nahrungsmittel (Prospekten oder Kreisel-Heft „Frühstücke wie ein König" entnehmen) ausschneiden und laminieren

Sonderpädagogische Hinweise:
- Sätze in realen Handlungssituationen (z.B. beim Frühstück) einführen
- Differenzierung durch Anzahl und Auswahl der Karten
- Falls Schüler bei der Reihenfolge der Satzbaukarten Schwierigkeiten haben, hilft es die Tätigkeitskarten sowie deren „Plätze" auf der Legetafel mit roten Punkten zu kennzeichnen
- Satzanfang mit Pfeilen markieren (Vorbereitung der Leserichtung)
- Die Nahrungsmittelkarten sollten bereits bekannt sein (Materialien: Frühstückslotto, Frühstücksmemorie)

Variationen:
- Als Partnerarbeit: Ein Schüler bildet einen Satz, der Partner legt diesen mit den Karten, bzw. ein gelegter Satz wird vom Partner verbalisiert
- Satzbauwürfel (je ein Würfel für Subjekt, Prädikat (rot), Objekt)

Quelle: Köhnen, 1998 (vgl. Satzbaukarten, S. 93)

Satzbaukarten „Müsli“ *

Material: Satzbaukarten, Legetafel

Aspekte:
- Sprache
- kognitiver Aspekt

Pädagogische Zielsetzung:
- Sprachliches Nachvollziehen eines Handlungsablaufs
- Festigung von Begriffen (Tätigkeiten)
- Bilden sinnvoller 3-Wort-Sätze

Bezug:
- Zubereitung von Müsli
- Materialien: Frühstückslotto, Frühstücksmemorie, Satzbaukarten „Frühstück“

Handhabung/Kontrolle:
- Handlungsschritte analog dem Handlungsablauf „Zubereitung von Müsli“ mit den Satzbaukarten legen, dabei jeden Satz laut sprechen
- Selbstkontrolle durch Vergleich mit dem Müsli Rezept

Herstellung/Beschaffung:
- Fotos der Schüler laminieren
- Satzbaukarten (siehe Kopiervorlage 1) vergrößern, ausschneiden, colorieren und laminieren

Sonderpädagogische Hinweise:
- Das Material setzt voraus, daß die Schüler den Handlungsablauf durch wiederholten Vollzug verinnerlicht haben (Material: Müsli zubereiten)
- Falls Schüler bei der Reihenfolge der Handlungsschritte Schwierigkeiten haben, kann das Müsli Rezept (Kopiervorlage 3) als Vorlage dienen, der Schwerpunkt liegt auf dem korrekten Bilden von Sätzen

Variationen:
- Als Partnerarbeit: Ein Schüler bildet anhand des Müsli Rezeptes Sätze, der Partner legt diese mit den Satzbaukarten
- Einen Satz aussuchen und abmalen (Schüleridee!)

Gestalten einer Ähre

Material: Holztablett, Papier, gelbe Fingerfarbe, brauner Holzstift, Tuch, Ähre (vgl. Abb. 16)

Aspekte:
- Kreativität
- Sprache
- Wahrnehmung

Pädagogische Zielsetzung:
- Entwickeln von Formvorstellungen
- Hinführung zum gegenständlichen Malen
- Gestalten eines vorgegebenen Motivs

Bezug:
- Materialien: Ähre, Ähren unterscheiden, Körner ernten

Handhabung/Kontrolle:
- Ein Blatt auf den Tisch legen (Arbeitsplatz: Malecke)
- Mit dem Holzstift einen Halm zeichnen
- Mit dem Finger gelbe Farbe aufnehmen und die Ähre auftupfen
- Den Finger am Tuch abwischen
- Selbstkontrolle durch Vergleich mit einer Ähre
- Weitere Ähren gestalten

Herstellung/Beschaffung:
- Papier stets nachfüllen, Papiertücher

Sonderpädagogische Hinweise:
- Für schwächere Schüler: Ähre mit Strich und Punkten markieren

Variationen:
- Gestalten mit Buntstiften, Wachsmalstiften, Wasser- oder Aquarellfarben
- Gestalten eines Getreidefeldes (Schüleridee!)
- Gestalten bestimmter Ähren, z.B. Weizen, Roggen, Hafer.. (Schüleridee!)

Tischkarten

Material: Briefkarten, Namenschildchen, gelbe Fingerfarbe, Holzstifte, Tuch, Klebestift (vgl. Abb. 17)

Aspekte:
- Kreativität
- Wahrnehmung
- Sozialer Aspekt

Pädagogische Zielsetzung:
- Entwickeln von Formvorstellungen
- Gestalten einfacher Motive
- Freude, an der Gestaltung eines schönen Frühstückstisches beizutragen

Bezug:
- Materialien: Gestalten einer Ähre, Falten von Servietten
- Genießen des gemeinsamen Frühstücks

Handhabung/Kontrolle:
- Briefkarte in der Mitte entlang der bezeichneten Linie falten
- Einen Namen auswählen und aufkleben
- Eine Ähre mit Fingerfarbe oder Holzstiften gestalten
- Kontrolle entfällt

Herstellung/Beschaffung:
- Briefkarten (Mitte durch eine Linie kennzeichnen), kleine Namenschildchen

Sonderpädagogische Hinweise:
- Material setzt Gestaltungsübungen in größerem Format voraus
- Je nach Fähigkeiten kann der Name nachgefahren, abgeschrieben oder ohne Vorlage geschrieben werden
- Anmerkung: Den Schülern hat es besondere Freude gemacht, Tischkarten für Mitschüler herzustellen und diesen zu schenken

Variationen:
- Gestalten anderer passender Motive: Brot, Apfel,.....(Ergänzen des Materials mit entsprechenden Farben)

Abb. 16: Gestalten einer Ähre

Abb. 17: Tischkarten

Raum für Notizen und Materialideen

Raum für Notizen und Materialideen

Materialien zu dem Vorhaben „Peter und der Wolf“

Vorstellen des Vorhabens

Grundsätzliche Überlegungen

Musikalische Erziehung fördert den Schüler in seiner ganzen Persönlichkeit, indem sich das Lernen gleichrangig auf den geistigen, emotionalen, motorischen und sozialen Bereich bezieht. Über die Förderung der Wahrnehmungsfähigkeit in den Sinnesbereichen Hören und Sehen wird die Ausdrucksfähigkeit in den Bereichen Sprechen, Singen, Musizieren, Spielen, Bewegen, Tanzen, Darstellen und Notieren angelegt und gesteigert. Ein besonderer Stellenwert kommt hierbei der Verbindung zwischen Musik und Bewegung zu. Indem die Schüler Musik und Bewegung als Einheit erleben, können musikalische Vorgänge in Bewegung sowie Bewegungsabläufe in Musik umgesetzt werden (vgl. Dreher; u.a., S. 1f).
Unter diesen Aspekten eignet sich das Bilderbuch „Peter und der Wolf“ von Serge Prokofjew besonders gut für eine ergiebige und sinnvolle Verklanglichung. Umfang und Inhalt müssen selbstverständlich dem Auffassungsvermögen der Schüler angepaßt werden.

Lerninhalte/ Ziele des Vorhabens

Erarbeitung des Bilderbuches „Peter und der Wolf“

- Darstellung der Tiere und Personen durch Bewegung
- Erproben einzelner Bewegungsformen und Verbinden mehrerer Bewegungsabläufe
  - Ratespiele: bewegungshafte Tier- und Personendarstellung mit und ohne Stimme
  - Begleitung von Tier- und Personenbewegungen mit einfachen Instrumenten: Finden von passenden Rhythmen und Klängen
  - Umsetzen von Hörbeispielen in die unterschiedlichen Bewegungsarten der Tiere und Menschen
  - Bewegungshaftes Nachgestalten der Geschichte
  - Kennen des Ablaufs der Geschichte (Ordnen von Bildkarten)
  - Nachvollziehen der Geschichte mit Holzfiguren (Tischtheater)
  - Malen von Bildern der Geschichte

Musikalische Grunderfahrungen

- Erkennen, Beschreiben und Nachahmen von Geräuschen, Klängen und Tönen durch Worte, Körper- und Orffinstrumente

- Unterscheiden (anhand ausgewählter Orffinstrumente) von:
  - laut und leise
  - hoch und tief
  - lang und kurz
- Bewegungshafte Darstellung von Klängen und Tönen
- Graphische Aufzeichnung der Klang- und Tonunterschiede (die graphische Aufzeichnung wird durch die Bewegungsdarstellung vorbereitet)
- Verklanglichen von graphischen Aufzeichnungen mit einem Instrument

Verklanglichen der Geschichte
- Finden von passenden Instrumenten für die Personen und Tiere
- Zuordnung von Instrumentenabbildungen zu Tier/Personenabbildungen
- Graphische Aufzeichnungen von Klängen zu den Bildern der Geschichte (Partituren)
- Umsetzung von Partiturkarten mit Instrumenten
- Instrumentale Darstellung der Geschichte
- Aufführung der Klanggeschichte vor Publikum

Einbezug des Sportunterrichtes ins Thema
Schwerpunkt: Raumerfahrungen:
- Erproben von Bewegungen und Begegnungen in einem Raum ohne andere Kinder zu behindern
- Gehen nach einem vorgegebenen oder selbstgemachten Grundschlag
- Verfeinern des Gehörs durch Höraufgaben (Richtungshören /unterscheidendes Hören)
- Erleben des Raumes als Musikinstrument:
  - Raum und Einrichtungsgegenständen durch unterschiedliches Berühren Klänge entlocken
  - Geräusch- und Klangqualitäten nach Höreindrücken ordnen

Ablauf des Vorhabens

Motivationsphase (auch Phase der Grundlegung):
- Anschauen des Bilderbuches „Peter und der Wolf“
  - Die einzelnen Bilder und Figuren werden sukzessiv mit den Schülern erarbeitet, so daß die Geschichte nach und nach komplexer wird
  - Die Schüler sammeln musikalische Grund- und Bewegungserfahrungen

Anmerkung: Die zeitlich außergewöhnlich lange Motivationsphase ermöglichte den Schülern eine sehr aktive Teilnahme am weiteren projektorientierten Verlauf

Zielstellung:

- Wir beschließen die Geschichte bei der Weihnachtsfeier für die Eltern aufzuführen

Planung:

- Wir verklanglichen die Geschichte

Darstellen des Planungsverlaufes:

- Wir stellen selbst ein Bilderbuch mit ausgewählten Bildern, die verklanglicht werden, her
- Wir halten besondere Teilvorhaben durch Bildkarten fest:
- Besuch eines Wolfsparks
- Besuch eines Symphoniekonzertes (Generalprobe im Stadttheater)

Durchführung:

- Wir spielen einzelne Szenen bewegungshaft nach
- Wir suchen passende Instrumente für Personen und Tiere
- Wir zeichnen Klänge zu Bildern der Geschichte
- Wir üben die Klanggeschichte
- Wir führen die Klanggeschichte vor den Eltern auf

Bewertung des Vorhabens (Reflexion):

- Wir schauen Fotos vom Wolfspark, des Konzertbesuches, von Proben und Aufführung an und erinnern uns
- Wir äußern uns zu den im Laufe des Vorhabens entwickelten Freiarbeitsmaterialien und entstandenen Schülerarbeiten (graphische Aufzeichnungen, Aquarellbilder, Zeichnungen)
- Wir stellen ein „Erinnerungsbuch“ für die Klassenbücherei mit Fotos und Schülerarbeiten zusammen

Materialübersicht

Wahrnehmung:
- Tiere (21)
- Geräuschdosen (22)
- Glocken (23)
- Der lange Ton (24)
- Laut und leise (25)
- Wolfspuzzle (26)

Motorik:
- Bewegungskarten (27)
- Schneiden (28)

Kognitiver Aspekt:
- Bilderbuch (29)
- Walkman (30)
- Was fressen die Tiere (31)
- Instrumente (32)
- Partiturkarten (33)

Sprache:
- Klangmemorie (34)
- Der oder die? (35)
- Satzbaukarten (36)

Kreativität:
- Tischtheater (37)
- Aquarellmalen (38)

Tiere

Material: Körbchen, Bildkarten mit unterschiedlichen Enten-, Vögel-, Wolfs- und Katzenarten

Aspekte:
- Wahrnehmung (visuell)
- Sprache (Begriffsbildung)

Pädagogische Zielsetzung:
- Erkennen, daß es von jedem Tier (Beispiel Vogel) unterschiedliche Arten (Beispiel Amsel,......) gibt
- Erkennen, daß die Arten wesentliche gemeinsame Merkmale aufweisen (Begriffsbildung)
- Abbildungen nach Tiergattung ordnen

Bezug:
- Tiere aus der Geschichte
- Besuch im Wolfs- und Vogelpark, Füttern von Enten

Handhabung/Kontrolle:
- Tierbilder einzeln aus dem Körbchen nehmen, genau betrachten und benennen
- Gleiche Tiergattungen neben- oder untereinander legen
- Selbstkontrolle durch farbige Rückseite

Herstellung/Beschaffung:
- Fotos aus Zeitschriften, alten Biobüchern,.... ausschneiden, auf Tonpapier kleben (Selbstkontrolle) und laminieren

Sonderpädagogische Hinweise:
- Material setzt Tierbegegnungen oder Vorerfahrungen mit Tierarten, z.B. Beobachtungen am Vogelhaus, voraus
- Schülern, die Schwierigkeiten beim übersichtlichen Anordnen haben, bieten Auflegestreifen eine Orientierungshilfe (vgl. Abb. 18)
- Differenzierung durch Anzahl und Auswahl der Tiere, z.B. ist die Unterscheidung Enten – Vögel am schwierigsten

Variationen:
- Im Anschluß ans Ordnen ein oder mehrere Tiere aussuchen und malen, z.B. Blaumeise, Rotkehlchen

Geräuschdosen * °

Material: Holztablett, 6 Behälter, jeweils zwei mit gleichem Inhalt

Aspekte:
- Wahrnehmung (akustisch)
- Sprache

Pädagogische Zielsetzung:
- Wahrnehmen und Unterscheidung von Geräuschqualitäten
- Begriffsbildung: laut, leise, ganz leise
- Paaren gleicher Geräusche
- Zuordnung von Symbolkarten

Bezug:
- Materialien: Klangmemorie, Partiturkarten, Walkman

Handhabung/Kontrolle:
- Beide Serien getrennt anordnen
- Einen Behälter schütteln, mit dem passenden aus der anderen Serie paaren
- Symbolkarten zuordnen
- Selbstkontrolle durch Farbmarkierung auf der Unter-, bzw. Rückseite

Herstellung/Beschaffung:
- Montessori Geräuschdosen oder
- Behälter mit Sand, Steinen, Papierschnipsel füllen, Deckel zweifarbig überziehen
- Symbolkarten mit den Schülern entwickeln und lamiieren

Sonderpädagogische Hinweise:
- Mit Gegensatzpaar „laut-leise“ beginnen
- Für Schwerbehinderte:
  - Erzeugen von Geräuschen durch Schütteln der Dosen
  - Anhand der Dosen kann das Greifen, Hinstellen und Loslassen von Gegenständen geübt werden

Variationen:
- Als Partnerarbeit: Ein Schüler zeigt eine Symbolkarte, der Partner sucht die entsprechende Dose

Quelle: Köhnen, 1998 (Abwandlung der Idee, S. 96)

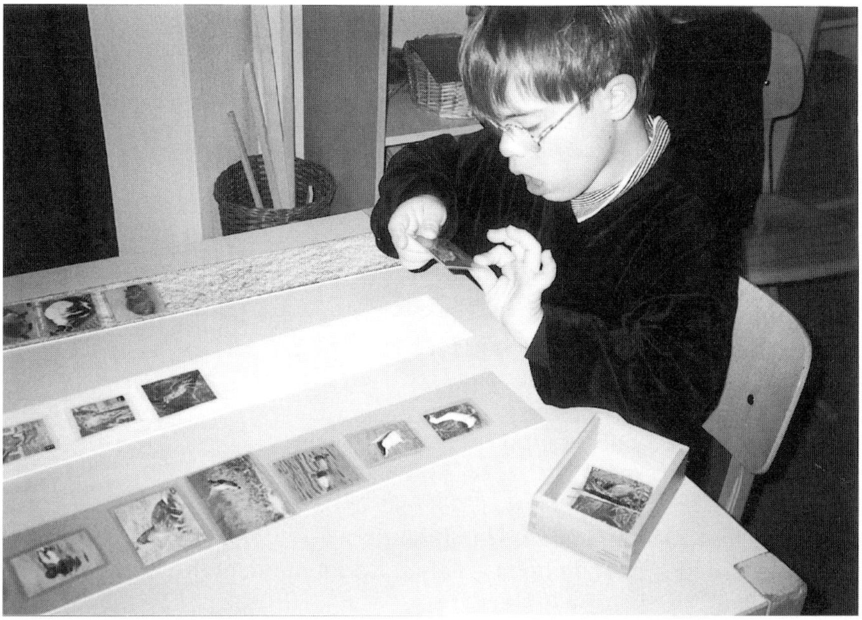

Abb. 18: Tiere

Abb. 19: Geräuschdosen

Glocken * °

Material: Holztablett, Glocken mit weißem und braunem Fuß, Klöppel, Symbolkarten

Aspekte:
- Wahrnehmung (akustisch)
- Sprache

Pädagogische Zielsetzung:
- Wahrnehmen unterschiedlicher Tonhöhen
- Begriffsbildung: hoch – tief
- Paaren gleicher Töne
- Zuordnen von Symbolkarten

Bezug:
- Materialien: Klangmemorie, Partiturkarten
- Erarbeitung der Begriffe hoch – tief im Sportunterricht (Körpererfahrung)

Handhabung/Kontrolle:
- Glocken mit weißem und braunem Fuß getrennt anordnen
- Eine Glocke anschlagen, warten bis der Ton verklungen ist (evt. Ton anhalten), die entsprechende Glocke in der anderen Serie suchen und Paare bilden
- Symbolkarten zuordnen
- Selbstkontrolle durch Farbmarkierungen auf der Rückseite der Symbolkarten und unter dem Fuß der Glocken

Herstellung/Beschaffung:
- Montessori Glocken: hohes und tiefes „c“
- Symbolkarten mit den Schülern zeichnen, laminieren

Sonderpädagogische Hinweise:
- Symbolkarten nach Körper- und Hörerfahrungen mit den Schülern entwickeln
- Der gleichzeitige Einsatz der Materialien „Glocken, Der lange Ton, Partiturkarten,......“ setzt Freiarbeitserfahrung der Schüler voraus (Konzentration auf das eigene Material, Ablenkbarkeit der Mitschüler)
- Für Schwerbehinderte: Erzeugen von Tönen (mit anderen Instrumenten, z.B. Rassel, Glockenspiel)

Variationen:
- Als Partnerarbeit siehe Geräuschdosen
- Hinzunahme der Glocke „g“
- Erweiterung durch ein Partiturblatt: hohe und tiefe Töne in der vorgegebenen Reihenfolge anschlagen
- „Komponieren“ (Schüleridee!): Töne anschlagen und aufzeichnen

Quelle: Köhnen, 1997 (Abwandlung der Materialidee, S. 29)

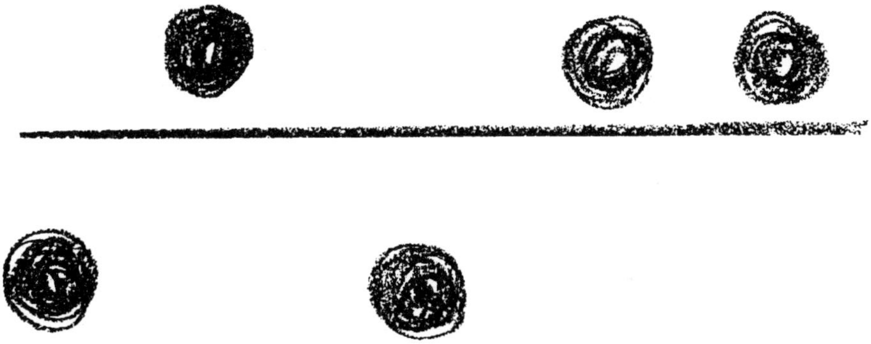

Abb. 20: Partiturblatt

Der lange Ton * °

Material: Holztablett, 1 Glocke, Schlägel, ein Din A3 Blatt (gerollt), Wachsmalstifte

Aspekte:
- Wahrnehmung
- Motorik

Pädagogische Zielsetzung:
- Schulung des genauen Hinhörens
- Schulung des Reaktionsvermögens
- Koordination von Hören und Handeln

Bezug:
- Reaktionsübungen im Sportunterricht
- Experimentieren mit Instrumenten

Handhabung/Kontrolle:
- Glocke anschlagen
- Mit dem Stift solange eine Spirale malen, wie der Ton zu hören ist
- Vorgang mehrmals wiederholen
- Kontrolle entfällt, gelegentliche Rückmeldung vom Lehrer

Herstellung/Beschaffung:
- Eine Glocke der Montessori Glocken auswählen
- Beim Aufräumen des Arbeitsplatzes sorgt der Schüler für ein neues Din A3 Blatt

Sonderpädagogische Hinweise:
- Bei der Einführung darauf achten, daß den Schülern der Zusammenhang zwischen Tonlänge und Stärke des Anschlages bewußt wird
- Für Schwerbehinderte: Klangerfahrungen anhand einer Klangstraße: Wäscheleine mit Holzstäben, Metallstäben, Glocken,....... (vgl. Spikes, F1)

Variationen:

Als Partnerarbeit:
- Die Schüler schlagen abwechselnd die Glocke an und malen gleichzeitig (gegenseitige Kontrolle)

• Ein Schüler schlägt die Glocke an, der Partner malt (mit Rollenwechsel)

Abb. 21

Laut und leise *

Material: Kleines Holztablett, 1Glocke, Schlägel, Linienblätter (Klarsichthülle)

Aspekte:
- Wahrnehmung (akustisch)
- Sprache

Pädagogische Zielsetzung:
- Erzeugen und Unterscheiden lauter und leiser Töne
- Graphische Aufzeichnung

Bezug:
- Materialien: Geräuschdosen, Klangmemorie, Partiturkarten
- Klanggeschichte, Hörspielcassette
- Konzertbesuch

Handhabung/Kontrolle:
- Ein Blatt aus der Klarsichthülle nehmen
- Laute und leise Töne erzeugen und jeweils graphisch aufzeichnen
- Die erstellte Partitur mehrmals verklanglichen
- Kontrolle entfällt

Herstellung/Beschaffung:
- Eine Montossori Glocke auswählen
- Linienblätter stets nachfüllen

Sonderpädagogische Hinweise:
Bei schwächeren Schülern:
- ohne eigene Aufzeichnungen
- Erproben lauter und leiser Töne
- Verklaglichen aufgezeichneter Einzeltöne: Symbolkarten des Klangmemories, vgl. Abb. 22)

Variationen:
- Als Partnerarbeit:
  - Ein Schüler fertigt eine Partitur an, der Partner verklanglicht diese oder
  - Ein Schüler erzeugt laute und leise Töne, der Partner zeichnet diese auf

Abb. 22

Abb. 23: Partitur: laut – leise

Wolfspuzzle

Material: Kleines Holztablett, Wolfspuzzleteile

Aspekte:
- Wahrnehmung (visuell)
- Sprache (Begriffsbildung)

Pädagogische Zielsetzung:
- Förderung der Raum-Lage- und der Figur-Grund-Wahrnehmung
- Gewinnen einer Vorstellung von der Tiergestalt
- Kennen und Benennen der Körperteile eines Wolfes

Bezug:
- Besuch im Wolfspark
- Wolf als Hauptfigur der Bilderbuchgeschichte

Handhabung/Kontrolle:
- Teile richtig zusammenlegen
- Selbstkontrolle durch Vergleich mit einer Vorlage

Herstellung/Beschaffung:
- Wolfsteile (Kopiervorlage 4) ausschneiden und laminieren

Sonderpädagogische Hinweise:
- Differenzierung durch Anzahl der Teile
- Für schwächere Schüler: Ergänzung des Materials durch eine Auflegekarte
- Das Zusammenfügen der Tiergestalt bereitet das gegenständliche Malen vor

Variationen:
- Ergänzung des Materials durch Blätter und Stifte zum Malen eines Wolfes
- Weitere Tiere der Geschichte als Puzzle dazu nehmen (Erhöhung der Schwierigkeit durch Vermischung aller Teile vor Beginn des Arbeitens)

Abb. 24

Abb. 25

Bewegungskarten *

Material: Körbchen, Abbildungen von Figuren aus „Peter und der Wolf“

Aspekte:
- Motorik
- Sprache

Pädagogische Zielsetzung:
- Erproben einzelner Bewegungsformen und Verbinden mehrere Bewegungsabläufe
- Darstellen und Benennen der unterschiedlichen Bewegungsarten der Personen und Tiere

Bezug:
- Materialien: Bilderbuch „Peter und der Wolf“, Walkman, Tiere und Instrumente, Satzbaukarten „Peter geht auf die Wiese“

Handhabung/Kontrolle:
- Jeweils eine Abbildung aus dem Körbchen nehmen, betrachten, in Bewegung umsetzen und nach Möglichkeit die Bewegungsart benennen
- Kontrolle entfällt

Herstellung/Beschaffung:
- Figuren, z.B. Ente, Vogel, Jäger;.....(siehe Kopiervorlagen 5) vergrößern, ausschneiden und laminieren

Sonderpädagogische Hinweise:
- Material setzt die Erprobung von Bewegungen im Vorhabenunterricht voraus
- Die Bereitstellung einfacher Requisiten (Stock, Tücher für Flügel oder Schwanz, ...) fördert die Verwandlung in die jeweiligen Figuren und somit die Intensität des Bewegungsausdrucks

Variationen:
- Hinzunahme von Abbildungen der Bewegungsarten (siehe Kopiervorlage 6); diese den Figuren zuordnen
- Als Partnerarbeit: Der Partner begleitet die Bewegungen mit einfachen Instrumenten (Finden von passenden Rhythmen und Klängen)
- Bewegungshaftes Nachgestalten einzelner Szenen der Geschichte (Schüleridee!)

Schneiden * °

Material: Materialschälchen, Tonpapierstücke mit vorgezeichneten Formen, Schere, Gestaltungsblatt „Wolf“, Klebestift

Aspekte:
- Motorik
- Gestalten

Pädagogische Zielsetzung:
- Schulung der Feinmotorik und der Auge-Hand-Koordination
- Schneiden auf der Linie
- Ausschneiden einfacher Formen (Rechtecke, Kreise)

Bezug:
- „Peter und der Wolf“ (Erlebnishintergrund)

Handhabung/Kontrolle:
- Ausschneiden der Formen
- Gestalten eines Waldes um den Wolf durch Aufkleben der Formen auf das Gestaltungsblatt
- Kontrolle entfällt

Herstellung/Beschaffung:
- Rechtecke (Baumstämme) und Kreise (Blattwerk) auf Tonpapier (braun, grün) aufzeichnen
- Wolf (siehe Kopiervorlage 5) auf ein Din A3 Blatt kopieren

Sonderpädagogische Hinweise:
- Für schwächere Schüler: Schneiden oder Reißen von Papierschnipsel (Baumformen zum Ausgestalten auf dem Wolfsblatt vorgeben)
- Die Einbindung von Schneideübungen in einem Erlebnisrahmen erweist sich als sehr motivierend

Variationen:
- Als Partnerarbeit: Gestalten eines gemeinsamen Bildes
- Schüler zeichnen selbst die Formen mit Hilfe einer Schablone oder frei
- Ausschneiden schwieriger Formen (Ente, Vogel) zum Aufkleben in Szenenbilder
- Schüler malen die Szenenbilder selbst (Wiese, Teich, Wald,........)

Quelle: Köhnen, 1997 (Abwandlung der Materialidee, S. 30)

Bilderbuch *

Material: Selbst angefertigtes Bilderbuch „Peter und der Wolf"

Aspekte:
- Wahrnehmung (visuell)
- Sprache

Pädagogische Zielsetzung:
- Nachvollziehen der Geschichte
- Versprachlichen der Bilder

Bezug:
- Materialien: Walkman, Satzbaukarten, Tischtheater
- Proben und Aufführen der Klanggeschichte

Handhabung/Kontrolle:
- Betrachten und Versprachlichen der Bilder der Geschichte
- Kontrolle entfällt

Abb. 26

Herstellung/Beschaffung:
- Ausgewählte Bilder des Bilderbuches „Peter und der Wolf" kopieren, laminieren und in einen kleinen Ordner geben

Sonderpädagogische Hinweise:
- Hyperaktive Kinder neigen zum schnellen Blättern, die Hinzunahme der Cassette (Walkman) unterstützt das genaue und intensive Betrachten

Variationen:
- Als Partnerarbeit (Schüleridee!): gemeinsames Betrachten und gegenseitiges Erzählen
- Nach dem Anschauen des Bilderbuches eine Szene der Geschichte malen (Schüleridee! vgl. Abb. 27)

Abb. 27: Die Jäger, Peter, die Katze und der Vogel bringen den Wolf in den Wolfspark

Walkman °

Material: Körbchen, Walkman, Cassette, Bildkarten

Aspekte:
- Wahrnehmung (visuell, akustisch)

Pädagogische Zielsetzung:
- Nachvollziehen der Geschichte
- Koordination von Hören, Sehen und Handeln
- Ordnen von Bildern entsprechend einer Hörvorlage

Bezug:
- Materialien: Bilderbuch, Tier und Instrument, Satzbaukarten, Tischtheater
- Proben und Aufführen der Klanggeschichte

Handhabung/Kontrolle:
- Bilder ungeordnet verteilen
- Walkman einschalten und aufsetzen
- Jeweils das zum Gehörten passende Bild suchen und rechts neben das Vorangehende legen
- Kontrolle durch Zahlen auf der Rückseite oder durch den Lehrer
- Beim Aufräumen Cassette zurück spulen

Herstellung/Beschaffung:
- Ausgewählte Bilder des Bilderbuches verkleinern und laminieren
- Walkman (am besten mit aufladbaren Batterien), Cassette „Peter und der Wolf“ von Serge Prokofieff

Sonderpädagogische Hinweise:
- Schülern, die Schwierigkeiten haben die Legerichtung einzuhalten, hilft es, wenn der Anfang deutlich markiert wird (z.B. Körbchen, Holzleiste) und eine Legeorientierung vorhanden ist (z.B. entlang des Teppichrandes oder Auflegestreifens)
- Das Material fördert durch die vorgegebene Länge der Cassette und den hohen Aufforderungscharakter die Ausdauer und Konzentrationsfähigkeit
- Für Schwerbehinderte: Hören der Cassette

Variationen:

- Ordnen und Versprachlichen der Bilder ohne Hörvorlage (vgl. Abb. 29)

Abb. 28

Abb. 29

Was fressen die Tiere?

Material: Abbildungen von Tieren und deren Nahrung

Aspekte:
- Kognitiver Aspekt
- Sprache

Pädagogische Zielsetzung:
- Erwerb von Kenntnissen über die Nahrung ausgewählter Tiere
- Lernen, sich selbst Informationen zu verschaffen

Bezug:
- Beeindruckt davon, daß der Wolf die Ente verschlang und die Katze nach dem Vogel trachtete, wollten einige Schüler Genaueres über die Nahrung der in der Geschichte vorkommenden Tiere erfahren

Handhabung/Kontrolle:
- Die Tiere „Ente, Vogel, Katze, Wolf" getrennt anordnen
- Die Nahrungsabbildungen aus dem Körbchen nehmen, bei Bedarf im „Bio-Buch" nachschlagen und zuordnen
- Selbstkontrolle durch Vergleich mit einem Kontrollblatt

Herstellung/Beschaffung:
- Anlegen eines „Bio-Buches" (nach Tieren geordnet: Fotos aus Kinderzeitschriften oder alten Sachbüchern zur Nahrungsaufnahme)
- Abbildungen der Tiere (Kopiervorlage 5) laminieren
- Nahrungsabbildungen aus Zeitschriften, Prospekten, ... ausschneiden
- Herstellen eines Lösungsblattes (Zuordnung kopieren)

Sonderpädagogische Hinweise:
- Schwächere Schüler können anstelle des „Bio-Buches" das Lösungsblatt zum Nachschauen verwenden

Variationen:
- Arbeitsblatt: Nahrungsabbildungen ausschneiden und zu den entsprechenden Tieren kleben
- Sich selbst ein Tierbuch anlegen (Nahrung, Tierarten, Lebensgewohnheiten,..... – Fotos, Arbeitsblätter, Abbildungen, eigene Zeichnungen,........)

Instrumente °

Material: Kleines Holztablett, Abbildungen von Figuren (der Geschichte) und von Instrumenten, „Instrumententisch“

Aspekte:
- Kognitiver Aspekt
- Wahrnehmung (visuell, akustisch)
- Sprache

Pädagogische Zielsetzung:
- Erkennen und Benennen von Figuren- und Instrumentenabbildungen
- Wissen, welche Figuren in der Klanggeschichte durch welche Instrumente dargestellt werden
- Individuelle Auseinandersetzung mit der Klanggeschichte
- Experimentieren mit Instrumenten (siehe Variationen)
- Erproben von Rhythmen zur Darstellung von Bewegungen und Stimmungen (siehe Variationen)

Bezug:
- Proben und Aufführen der Klanggeschichte
- Materialien: Bilderbuch, Walkman, Satzbaukarten, Bewegungskarten

Handhabung/Kontrolle:
- Figurenabbildungen nebeneinander oder untereinander hinlegen
- Instrumentenabbildungen zuordnen
- Selbstkontrolle durch Vergleich mit dem Instrumententisch oder durch Farbmarkierungen auf der Rückseite

Herstellung/Beschaffung:
- Instrumenten- und Figurenabbildungen (siehe Kopiervorlagen 7 und 5) laminieren
- Einrichtung eines Instrumententisches:
  - die für die Klanggeschichte ausgewählten Instrumente auf und unter einem Tisch für die Dauer des gesamten Vorhabens bereitstellen
  - Kennzeichnen, welche Figuren damit dargestellt werden (z.B. mit Figurenabbildungen oder Holzfiguren)

Sonderpädagogische Hinweise:
- Der Instrumententisch kann von den Schülern in der Freiarbeit genutzt werden, z.B. zum Nachsehen bei Unsicherheiten während der Arbeit, zur Selbstkontrolle, zum Einbeziehen der Instrumente,....

- Mögliche Vorübung: Zuordnung Instrumente – Instrumentenabbildungen
- Für schwerbehinderte Schüler: Klangerfahrungen (Hören, Erzeugen) mit ausgewählten Instrumenten

Variationen:
- Nach der Zuordnung ein Instrument aussuchen und mit Klängen experimentieren (vgl. Abb. 31)
- Bewegungen und Stimmungen der entsprechenden Figur verklanglichen (Schüleridee!)
- Verklanglichungen mit Sprache begleiten, z.B. Peter geht auf die Wiese (Schüleridee!)

Abb. 30

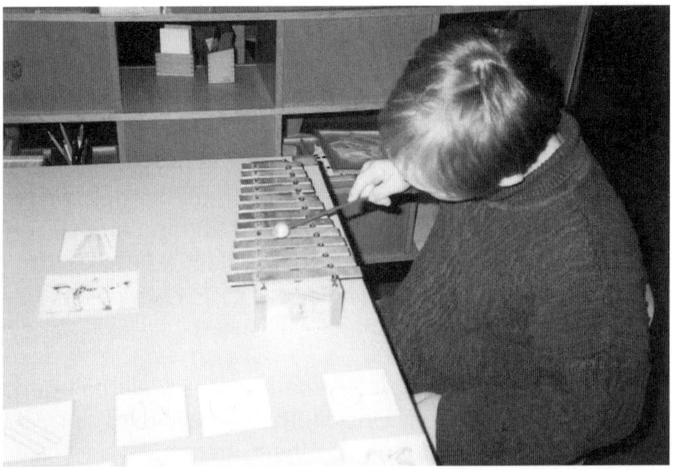

Abb. 31

Partiturkarten *

Material: 2 Glocken (c und c'), Schlägel, Partiturkarten

Aspekte:
- Kognitiver Aspekt
- Wahrnehmung (akustisch, visuell)

Pädagogische Zielsetzung:
- Erzeugen und Unterscheiden lauter/leiser oder hoher/tiefer Töne
- Verklanglichen von graphisch aufgezeichneten Tonabfolgen (Partituren)

Bezug:
- Besuch eines Konzertes
- Materialien: Geräuschdosen, Klangmemorie, Laut und leise, Glocken
- Klanggeschichte, Hörspielcassette

Handhabung/Kontrolle:
- Jeweils eine Partiturkarte auswählen und verklanglichen
- Kontrolle entfällt (Fehler ergeben eine neue Komposition)

Herstellung/Beschaffung:
- Montessori – Glocken
- Partituren schreiben und laminieren
- Linienblätter (für hoch/tief: Mittellinie) stets nachfüllen

Sonderpädagogische Hinweise:
- Partiturkarten hoch/tief und laut/leise zur Reduzierung der Schwierigkeit anfangs in getrennten Umschlägen bereitlegen
- Schüler, die mit einer Tonabfolge überfordert sind, können mit den Symbolkarten (Klangmemorie) arbeiten
- Differenzierung durch die Länge einer Partitur und die Anzahl der Partiturkarten

Variationen:
- Selbst Partituren schreiben
- Als Partnerarbeit: Ein Schüler komponiert, der Partner zeichnet die Töne auf

Klangmemorie *

Material: Körbchen, Symbolkartenpaare

Aspekte:
- Sprache (Begriffsbildung)
- Kognitiver Aspekt

Pädagogische Zielsetzung:
- Erkennen und Benennen graphischer Aufzeichnungen (Symbole) von Klang- und Tonunterschieden
- Begriffsbildung: laut – leise – ganz leise, hoch – tief, lang – kurz
- Zuordnung gleicher Symbole

Bezug:
- Materialien: Geräuschdosen, Glocken, Laut und leise, Der lange Ton, Partiturkarten

Handhabung/Kontrolle:
- Symbolkarten ungeordnet mit der Sonne (Zeichen für oben) nach oben hinlegen
- Gleiche Symbolkarten suchen, benennen und paaren
- Selbstkontrolle: Zuordnung geht bei Fehlern nicht auf

Herstellung/Beschaffung:
- Symbole mit den Schülern auf Karten zeichnen und laminieren

Sonderpädagogische Hinweise:
- Der Einsatz des Materials setzt die Erarbeitung folgender Inhalte voraus:
  - Erfahren der Eigenschaften
  - Entwickeln der Symbole
  - Verklanglichen der graphischen Aufzeichnungen mit einem Instrument (Erlebnisaspekt)
- Material setzt Symbolverständnis voraus

Variationen:
- Als Partner- oder Gruppenarbeit: Memorie – Spiel
- Umsetzen der Symbolkarten in Töne (auch als Partnerarbeit möglich)

Der oder die? *

Material: Kleines Holztablett, Artikelsymbole, Abbildungen von Figuren und Gegenständen der Geschichte

Aspekte:
- Sprache (Artikelunterscheidung)

Pädagogische Zielsetzung:
- Erweiterung des Satzsprachvermögens
- Erkennen, daß Personen, Dinge, Tiere,... einen Begleiter haben
- Verwenden der Begleiter

Bezug:
- Bilderbuchgeschichte (Erlebnishintergrund)
- Materialien: Satzbaukarten, Bewegungskarten

Handhabung/Kontrolle:
- Eine Abbildung auswählen und benennen
- Das entsprechende Artikelsymbol bestimmen, benennen und vor die Abbildung legen
- Artikelsymbol und Abbildung versprachlichen, z.B. die Ente
- Selbstkontrolle durch Vergleich mit einem Kontrollblatt
- „Lesen" aller gelegten Zuordnungen

Herstellung/Beschaffung:
- Abbildungen (Kopiervorlage 5 und 6) colorieren, ausschneiden und laminieren
- Artikelsymbole: der – blaues Dreieck, die – roter Kreis (Anregung für die Artikelsymbole entnommen aus: „Wir wollen gute Sätze bauen", Wien 1975)

Sonderpädagogische Hinweise:
- Die Einführung des Materials setzt Symbolverständnis voraus
- Die Artikel werden durch die Symbole für die Schüler bewußt, anschaulich erfaßbar und leichter einprägbar
- Schülern, die Schwierigkeiten mit der Leserichtung haben, bietet eine Auflegekarte eine Orientierungshilfe
- Für schwächere Schüler: ohne Artikelsymbol, Zuordnen gleicher Bildkarten

Variationen:

- Als Partnerarbeit: Ein Schüler bestimmt eine Bildkarte, der Partner den entsprechenden Artikel
- Hinzunahme des Artikels „das“ (Symbol: grünes Viereck) und entsprechender Abbildungen
- Erweiterung durch Tätigkeiten, z.B. die Ente schwimmt

Abb. 32

Satzbaukarten „Peter geht auf die Wiese“ *

Material: Legetafel, Satzbaukarten nach Sätzen in Briefumschlägen sortiert

Aspekte:
- Sprache (Satzbildung)

Pädagogische Zielsetzung:
- Bilden von dreigliedrigen Sätzen (5 - 6 Wörter)
- Verwenden der Präposition „auf“
- Verwenden des Artikel „die“ in Sätzen

Bezug:
- Satzinhalte aus der Bilderbuchgeschichte
- Materialien: „der oder die“, Bewegungskarten

Handhabung/Kontrolle:
- Satzbaukarten jeweils entsprechend der Numerierung den Briefumschlägen entnehmen und auf die Legetafel auflegen
- Selbstkontrolle durch Vergleich mit einer Vorlage
- Den gelegten Satz verbalisieren
- Am Ende alle Sätze verbalisieren

Herstellung/Beschaffung:
- Figuren und Artikelsymbole (Kopiervorlage 5), Bewegungsverben und Objekte (Kopiervorlage 6) vergrößern, colorieren, ausschneiden und laminieren
- Legetafel herstellen

Sonderpädagogische Hinweise:
- Dem Einsatz des Materials geht voraus:
  - Artikelübungen
  - Erarbeitung der Tätigkeiten
  - Erarbeitung der Präposition „auf“ (Symbol: Pfeil nach oben)
- Die Satzbaukarten sollten in realen Handlungsituationen eingeführt werden, z. B. anhand der Holzfiguren
- Für Schüler, die Schwierigkeiten mit der Reihenfolge der Wörter haben, ist die Kennzeichnung der Stellen für die Artikel und die Präposition auf der Legetafel hilfreich

- Satzbaukarten zur Reduzierung der Schwierigkeit anfangs so auswählen, daß nur ein Artikel verwendet werden muß, mögliche Sätze: die Ente watschelt auf die Wiese, Peter geht auf die Wiese. die Katze schleicht auf die Wiese, der Wolf schleicht auf die Wiese, Großvater geht auf die Wiese

Variationen:
- Material zum Handeln dazugeben
- Als Partnerarbeit: Handeln und Legen
- Gelegte Sätze abmalen (Schüleridee!)

Abb. 33

Tischtheater *

Material: Körbchen, Holzfiguren, Tücher, Holzstücke,......

Aspekte:
- Kreativität
- Sprache

Pädagogische Zielsetzung:
- Handelnder Nachvollzug der Geschichte
- Gestalten von Szenenkulissen
- Individuelle Auseinandersetzung mit der Geschichte

Bezug:
- Bilderbuchgeschichte, Klanggeschichte
- Materialien: Satzbaukarten, Bilderbuch, Walkman, Bewegungskarten, Instrumente

Handhabung/Kontrolle:
- Gestalten, Nachspielen, Entwickeln neuer Handlungsgeschehnisse,....
- Kontrolle entfällt

Herstellung/Beschaffung:
- Holzfiguren in Spielzeuggeschäften erhältlich

Sonderpädagogische Hinweise:
- Das Material war bei den Schülern sehr beliebt, da es ihnen ermöglichte, die beeindruckende Geschichte auf ihre Art zu verarbeiten, eigene Vorstellungen auszudrücken, Geschehnisse abzuändern,.....
- Das Material regt zu freien, vielfältigen sprachlichen Äußerungen an

Variationen:
- Als Partnerarbeit: Spiel mit verteilten Rollen

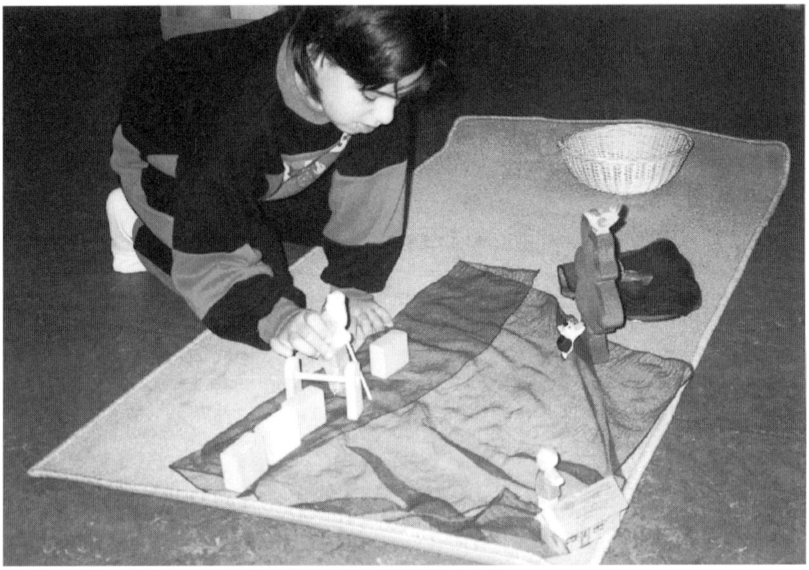

Abb. 34

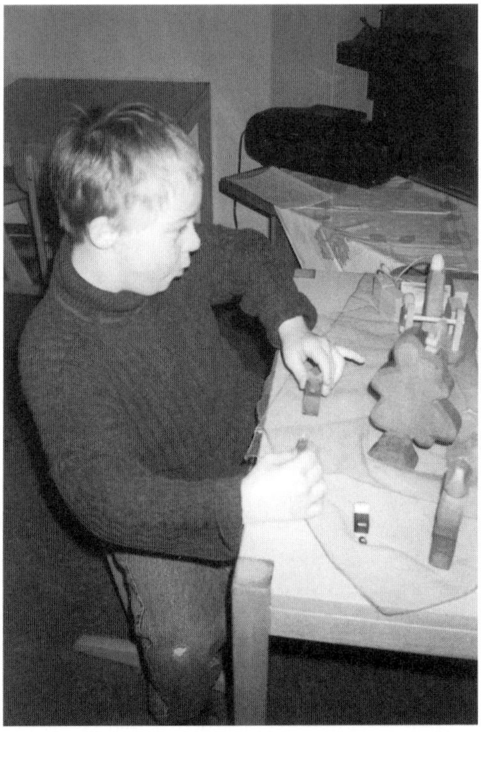

Abb. 35

Wolf im Wald

Material: Aquarellblock, Wasserbecher, Pinsel, Aquarellfarben, Aquarellstifte

Aspekte:
- Gestalten
- Sprache

Pädagogische Zielsetzung:
- Förderung des gegenständlichen Malens
- Übung des Umgangs mit Pinsel und Farbe
- Gestalten eines vorgegebenen Motivs

Bezug:
- Materialien: Wolfspuzzle, Bilderbuch, Tischtheater, Tiere, Schneiden

Handhabung/Kontrolle:
- Vorzeichnen eines Wolfes mit Aquarellstiften
- Anfeuchten des Wolfes
- Auftragen der Farbe
- Anfeuchten des Hintergrundes
- Gestalten des Hintergrundes in Naß-in-Naß-Technik
- Kontrolle entfällt (Lehrer kann Anregungen geben)

Herstellung/Beschaffung:
- Material in Fachgeschäften erhätlich

Sonderpädagogische Hinweise:
- Das Material setzt Vorerfahrungen und Kenntnisse von Aquarelltechniken voraus
- Für schwächere Schüler: Malen mit anderen Utensilien, z.B. Wachsmalstiften, Buntstiften, Wasserfarben

Variationen:
- Gestalten des Motivs mit anderen Techniken, z.B. Reißtechnik
- Malen anderer Motive aus der Geschichte: Ente auf dem Teich, Vogel auf dem Baum, Peter fängt den Wolf,......

Raum für Notizen und Materialideen

Raum für Notizen und Materialideen

Materialien zu dem Vorhaben „Jede Jahreszeit hat ihre Farbe“

Vorstellen des Vorhabens

Grundsätzliche Überlegungen

Zeit ist – obwohl von grundlegender Bedeutung für das Leben eines Menschen – kein Objekt zum Anfassen und als berechenbares Abstraktum für Schüler mit einer geistigen Behinderung schwer zu erfassen. Zeit ist jedoch erlebbar und über das Erleben der Zugang möglich.

Das Jahr mit seinen vier Jahreszeiten ist geprägt von Veränderungen in der Natur, Festen und Ereignissen. Hieran gilt es anzuknüpfen: durch Farben, Formen und Symbolgegenstände kann das Erlebte in den Klassenraum geholt und „begreifbar“ gemacht werden.

In diesem Sinne als besonders geeignet hat sich eine von Montessori-Pädagogen entwickelte Jahreskette mit einem Jahreszeitentücherkreis erwiesen, da sie für den Schüler das Jahr „anschaubar“ und „anfassbar“ macht. Entsprechend dem Auffassungsvermögen kann sich auf die Jahreszeiten beschränkt oder die Monate sowie die Tage mit einbezogen werden, die Möglichkeiten des Eindringens in jahreszeitliche Ereignisse sind vielfältig, so können zum Beispiel zugeordnet werden:

- Jahreszeitentypische Gegenstände (Spielzeugschlitten, Krippe, Schlange, Vogelnest,..........
- Jahreszeitenpüppchen (kleine Püppchen, die der Jahreszeit entsprechend gekleidet sind, mit typischem Spielzeug in den Händen)
- Jahreszeitenübliche Pflanzen (getrocknet oder nachgestaltet)
- Abbildungen eines Baumes im Laufe der Jahreszeiten oder Monate
- Abbildungen der Arbeit eines Bauern im Laufe der Monate
- Fotos der Schüler mit Geburtstagspfeilen
- Zahlpfeile für die Tage
- ....

Die Jahreskette um den Tücherkreis ist ein Platz im Klassenraum, an dem der Jahresablauf bewußt werden kann. Durch die Symbole, typischen Gegenstände, Naturmaterialien und/oder Abbildungen wird etwas in den Schülern „wachgerufen, was sich nicht so leicht in Worten beschreiben läßt, wir nehmen an ihnen eine Art Freude des Wiedererkennens wahr“ (Jahreszeitentische, 1997, S. 7).

Die Schüler können nicht nur für sich selbst eine Ordnung von zuvor unbewußt Erlebtem herstellen, sie nehmen auch durch die aufmerksame

Beschäftigung mit den Materialien Vorgänge in der Natur und im Jahresablauf immer mehr und gezielter wahr.

Beschreibung der Jahreskette

(vgl. Trierer Arbeitskreis für Montessori-Pädagogik, 1997, S. 2)

Die Kette (vgl. Foto auf der Titelseite) besteht aus 366 Holzperlen, die in 12 verschiedenen Farben gebeizt und lackiert sind. Jede Perle der Kette entspricht einem Tag auf der Erde. Die 12 Farben stehen für die Monate und bilden einen Farbkreis: Dunkelblau (Januar), Blau (Februar), Türkis (März), Dunkelgrün (April), Hellgrün (Mai), Hellgelb (Juni), Dunkelgelb (Juli), Orange (August), Hellrot (September), Dunkelrot (Oktober), Violett (November), Dunkelviolett (Dezember).

Zwischen den Perlen wird jeweils geknotet, damit man die Schaltperle, den 29. Februar (angesägte Perle) herausnehmen kann, ohne daß alle anderen Perlen verrutschen.

Zur Grundausstattung gehören außerdem 4 Tücher, die jeweils die Form eines Kreisviertels haben. Sie repräsentieren die Jahreszeiten: der Winter ist blau, der Frühling grün, der Sommer gelb und der Herbst rot.

Begonnen wird mit dem Tücherkreis, die Kette wird dann so um den Kreis gelegt, daß die Farben der Kettenmonate denen der Tücher entsprechen.

Tip: Die Kette und die Ideensammlung zum Arbeiten mit der Kette wurde bezogen bei: Trierer Arbeitskreis für Montessori-Pädagogik e.V., Im Urteilsgarten 7, 54309 Butzweiler

Lerninhalte/Ziele und Ablauf des Vorhabens

Bedingt durch die tägliche Freiarbeit und Wochenplanarbeit verfügten die Schüler zu Beginn des Vorhabens über folgende Lernvoraussetzungen:

- Kenntnis der Wochentage und deren Reihenfolge
- Farbunterscheidung
- Verständnis elementarer Zeitbegriffe: morgen, gestern, heute, vorher,..
- Selbstverständlicher Umgang mit Symbolen

Das Vorhaben war zunächst angedacht als ein Jahresnebenvorhaben, das nach Einführung der Jahreskette mit Beginn jeder neuen Jahreszeit kurzfristig wieder in den Mittelpunkt rückt, indem jeweils die typischen Symbolmaterialien ergänzt werden:

- Den Jahresablauf bewußt erleben
- Anhand des Tücherkreises die Jahreszeiten in ihrer Reihenfolge und ihren charakteristischen Wetterbedingungen erfassen und benennen
- Anhand von Symbolmaterialien und -abbildungen Naturerscheinungen, Feste und Ereignisse den Jahreszeiten zuordnen:

- Typische Gegenstände
- Jahreszeitenpüppchen
- Fotos der Schüler mit Geburtstagspfeilen
- Baumbilder

Bereits bei der Einführung löste jedoch das Material so unerwartet hohes Schülerinteresse und Begeisterung aus, daß Planung und Verlauf entsprechend der Nachfrage der Schüler (und entgegen unserer bisherigen Vorstellung von möglichen Lerninhalten in einer Unterstufenklasse) der Ergänzung bedurften:

- Erfassen, daß eine Jahreszeit aus mehreren Monaten mit ähnlichen Wetterbedingungen besteht
- Unterscheiden und Benennen der die 12 Monate repräsentierenden Farbtöne
- Kennen des Namens des jeweiligen Monats
- Verbinden des Monates mit einem typischen Ereignis und Gestalten eines entsprechenden Kalenderblattes

zusätzlich für 3 Schüler:

- Kennen der Namen der vorausgegangenen Monate in ihrer Reihenfolge
- Graduieren der Farben der Monate entsprechend dem Jahresverlauf
- Zuordnung der Fotos mit Geburtstagspfeilen zu den entsprechenden Monaten
- Tägliche Bestimmung des Datums:
  - Schriftbilder der Wochentage sowie deren Abkürzungen
  - Zahlzeichen bis 31 (2 Schüler)
  - Datum am Monatskalender markieren, am „Würfelkalender“ einstellen und an die Tafel schreiben

Materialübersicht

- Jahreszeitentablett (39)
- Die Natur im Jahresablauf (40)
- Jahreskreis (41)
- Kleine Jahreskette (42)
- Farbkreis (43)
- Kalenderblatt (44)
- Wochentage (45)
- Monatstafel (46)
- Perlenmaterial (47)

ergänzt von Schülern durch Mitbringen von: „Mein erster Kalender“ (Ravensburger Spiele) und „Wie lange ist ein Jahr“ (Bilderbuch)

Jahreszeitentablett *

Material: großes Holztablett, Kiste mit typischen Gegenständen, Fotos der Schüler

Aspekte:
- Kognitiver Aspekt
- Sprache

Pädagogische Zielsetzung:
- Festigung der Jahreszeitennamen und deren Reihenfolge im Jahr
- Verbindung spezifischer Erlebnisse, typischer Ereignisse und Feste mit den Jahreszeiten

Bezug:
- Jahreskette mit Tücherkreis liegt im Klassenraum aus
- Materialien: Kleine Jahreskette, Farbkreis, Jahreskreis, Die Natur im Jahresablauf

Handhabung/Kontrolle:
- Gegenstände aus der Kiste nehmen, benennen und auf das die entsprechende Jahreszeit repräsentierende Tuch legen/stellen
- Selbstkontrolle durch Farbpunkte auf der Unterseite oder durch ein Kontrollblatt
- Fotos der Schüler den Jahreszeiten, in denen die Geburtstage liegen, zuordnen
- Selbstkontrolle durch Vergleich mit dem Geburtstagskalender oder durch Farbmarkierungen auf der Rückseite

Herstellung/Beschaffung:
- Sammeln typischer Gegenstände (Schule, Haushalt, Bekanntenkreis,..), z.B. Winter: Schneekugel, Krippe mit Jesuskind, Spielzeugschlitten, Nikolaus, Clown,....

Sonderpädagogische Hinweise:
- Das Material setzt voraus, daß die Schüler wissen, welche Jahreszeit durch welche Farbe symbolisiert wird (Materialien zur Hinführung siehe Jahreskreis, Kleine Jahreskette)
- Das Material erweitert sich sukzessiv mit dem Jahresverlauf: Der Auswahl und der Hinzunahme von Gegenständen geht jeweils das unmittelbare und bewußte Erlebnis voraus!!!!

- Sowohl das Kontrollblatt als auch der Geburtstagskalender können in der Arbeitsphase auch als Orientierungshilfe bei Unsicherheiten verwendet werden
- Für schwächere Schüler: Anbieten der Gegenstände sortiert in 4 entsprechend farbigen Kisten

Variationen:
- Als Partnerarbeit
- Hinzunahme von Jahreszeitenpüppchen: Kleine Püppchen, die der Jahreszeit entsprechend gekleidet sind, mit typischem Spielzeug in den Händen (Die Kinder spielen in den Jahreszeiten)
- Hinzunahme von Geburtstagspfeilen: Auf den Pfeilen stehen in den Farben der Kettenmonate (Zuordnungshilfe) die Namen der Schüler und die Geburtsdaten

Quelle: Trierer Arbeitskreis für Montessori – Pädagogik, 1997 (Abwandlung der Ideen S. 9 und 11)

Abb. 36

Die Natur im Jahresablauf *

Material: kleine Kiste mit 4 Tüchern, 8 Wortkarten (je 2 mal Namen der Jahreszeiten) Abbildungen von Naturerscheinungen

Aspekte:
- Kognitiver Aspekt
- Sprache
- Wahrnehmung

Pädagogische Zielsetzung:
- Einprägung der Jahreszeiten und deren Reihenfolge
- Verbindung von Naturerscheinungen mit den Jahreszeiten

Bezug:
- Jahreskette im Klassenraum, Erleben des Jahresablaufes
- Materialien: Jahreszeitentablett, Kleine Jahreskette, Farbkreis, Jahreskreis

Handhabung/Kontrolle:
- Tücher unter Beachtung der Farbreihenfolge zu einem Jahreskreis legen
- Jeweils eine Bildkarte aus der Kiste nehmen, benennen und auf das entsprechende Jahreszeitentuch legen
- Wortkarten zuordnen
- Selbstkontrolle durch Farbpunkte auf der Rückseite

Herstellung/Beschaffung:
- Baum im Jahresablauf (Kopiervorlage 8): Bäume entsprechend der Jahreszeit colorieren und laminieren
- Abbildungen aus Zeitschriften, Arbeitsheften, Biologiebüchern,...... ausschneiden oder kopieren und laminieren
- Wortkarten: jeder Jahreszeitenname in der entsprechenden Farbe und in schwarz

Sonderpädagogische Hinweise:
- Die farbigen Wortkarten können, sobald Schüler sich das Schriftbild eingeprägt haben, von diesen als Kontrolle benutzt werden, während sie anderen noch als Vorlage dienen

- Das Material erweitert sich analog dem Jahreszeitentablett sukzessiv mit dem Jahresablauf: Der Hinzunahme von Abbildungen geht die unmittelbare Naturbeobachtung voraus

Variationen:
- Als Partnerarbeit
- Hinzunahme von Naturmaterialien: in einem Korb werden frische, getrocknete und/oder nachgebildete Früchte, Zweige, Blumen, Gemüse,.... gesammelt (Ordnen auf die Jahreszeitentücher)

Quelle: Trierer Arbeitskreis für Montessori – Pädagogik, 1997 (Abwandlung der Ideen S. 9 und 11)

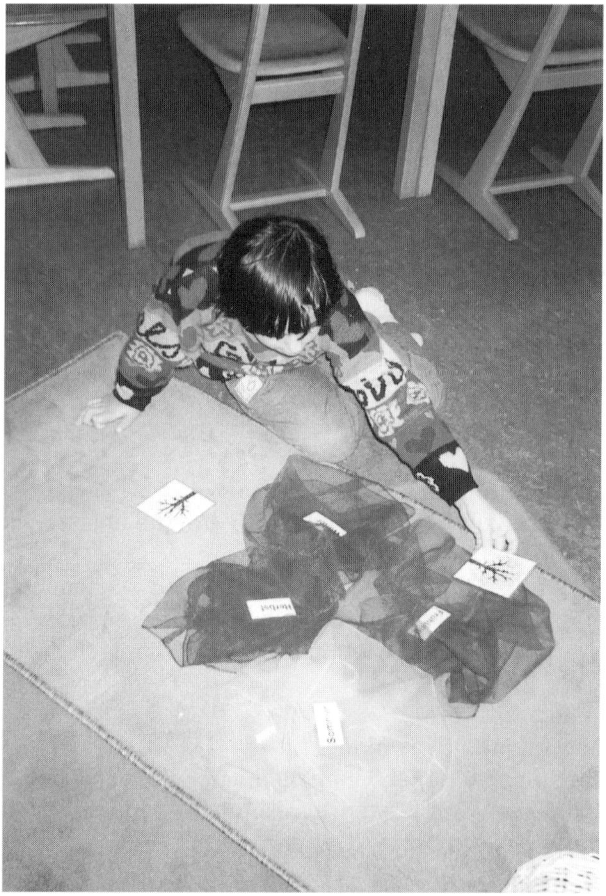

Abb. 37

Jahreskreis

Material: 4 Kreisviertel in den Jahreszeitenfarben, Auflegeblatt, Arbeitsblätter (Klarsichthülle), Buntstifte

Aspekte:
- Sprache
- Wahrnehmung
- Kognitiver Aspekt

Pädagogische Zielsetzung:
- Einprägen der Namen der Jahreszeiten
- Einprägen der Reihenfolge der Jahreszeiten

Bezug:
- Erleben der Jahreszeiten, Jahreskette im Klassenraum
- Materialien: Jahreszeitentablett, Kleine Jahreskette, Farbkreis, Die Natur im Jahresablauf

Handhabung/Kontrolle:
- Benennen der Kreisviertel mit den Jahreszeitennamen, die durch die Farben repräsentiert werden
- Anordnen der farbigen Kreisviertel auf dem Auflegeblatt in der Reihenfolge der Jahreszeiten
- Selbstkontrolle durch Vergleich mit einem Kontrollblatt
- Jahreskreis (Arbeitsblatt) entsprechend farbig ausmalen

Herstellung/Beschaffung:
- Jahreskreis (Kopiervorlage 9) als Auflegeblatt (laminieren), Arbeitsblätter und Kontrollblatt vergrößern
- Aus Tonpapier (grün, gelb, rot, blau) Kreisviertel (je 2) ausschneiden: je eine Farbe laminieren, die andere zur Herstellung des Kontrollblattes aufkleben

Sonderpädagogische Hinweise:
- Das Kontrollblatt kann anfangs als Vorlage benutzt werden
- Lernvoraussetzungen: Kennen der oben genannten Farben, Symbolverständnis

Variationen:

- Erweiterung des Materials: Briefumschlag mit typischen Jahreszeitenabbildungen zum Anordnen auf dem Jahreskreis
- Typische Jahreszeitenabbildungen als Arbeitsblatt zum Ausschneiden und Aufkleben auf den ausgemalten Jahreskreis
- Typische Ereignisse in den ausgemalten Jahreskreis selbst einzeichnen (Schüleridee! vgl. Abb. 38)

Abb. 38

Kleine Jahreskette

Material: Holzschale, 4 farbige Holzkeisviertel, Auflegekarte, 12 Holzperlen, Schnur zum Auffädeln, Vorlagekarte „Perlenkette“

Aspekte:
- Kognitiver Aspekt
- Sprache
- Wahrnehmung

Pädagogische Zielsetzung:
- Einprägen der Reihenfolge der Jahreszeiten
- Erfassen, daß eine Jahreszeit aus mehreren Monaten mit ähnlichen Wetterbedingungen besteht
- Unterscheiden und Benennen der (die 12 Monate repräsentierenden) Farbtöne
- Ordnen der Farbtöne nach Jahreszeiten

Bezug:
- Erleben des Jahresablaufs, Jahreskette im Klassenraum
- Materialien: Farbkreis, Jahreskreis

Handhabung/Kontrolle:
- Holzsegmente auf der Auflegekarte zu einem Jahreskreis zusammenfügen
- Farbreihenfolge mit der Kontrollkarte vergleichen
- Perlen nach Farbtönen entsprechend den Jahreszeiten ordnen
- Perlen zu einer Jahreskette analog der Vorlagekarte auffädeln
- Selbstkontrolle durch Auflegen der Kette auf die Vorlage
- Kette um den Jahreskreis legen und zwar so, daß die Farben der Ketten-Monate denen der Holzsegmente entsprechen

Herstellung/Beschaffung:
- Holzsegmente: aus „Bunte Holzbausteine“ (Schule, Bekanntenkreis)
- Perlen: bei der Lieferung der Perlen für die Jahreskette ist für jede Farbe eine Ersatzperle vorgesehen
- Vorlagekarte Perlenkette und Kontrollkarte Jahreskreis (siehe Kopiervorlage 10): auf Din A4 vergrößern, colorieren und laminieren

Sonderpädagogische Hinweise:

- Beim Auffädeln der kleinen Jahreskette entwickeln die Schüler eine Vorstellung von der Anzahl der Monate eines Jahres
- Beim Vergleich der großen mit der kleinen Jahreskette wird deutlich sichtbar, daß das Jahr viel mehr Tage als Monate hat und ein Monat aus vielen Tagen besteht

Variationen:

- Hinzunahme eines Arbeitsblattes „Perlenkette" (Kopiervorlage 10), 12 Buntstifte in den Farben der Perlen zum Anmalen der Kette (Schüleridee!)

Abb. 39

Farbkreis

Material: Scheibe aus Karton, 12 Farbtäfelchen

Aspekte:
- Wahrnehmung
- Kognitiver Aspekt
- Sprache

Pädagogische Zielsetzung:
- Unterscheiden und Benennen ausgewählter Farbtöne und Farbschattierungen
- Wissen, welche Farbtöne zu welcher Jahreszeit gehören
- Graduieren der Farben entsprechend dem Jahresablauf (Bilden eines Farbkreises)

Bezug:
- Erleben des Jahresablaufs, Jahreskette im Klassenraum
- Materialien: Kleine Jahreskette, Kalenderblatt, Spiel „Mein erster Kalender"

Handhabung/Kontrolle:
- Die Farben des Winters heraussuchen und entsprechend der Jahreskette auf der Scheibe anordnen
- Analog mit den anderen Jahreszeiten verfahren, so daß ein Farbkreis entsteht
- Selbstkontrolle durch Vergleich mit einem Kontrollblatt

Herstellung/Beschaffung:
- Farbtäfelchen aus: Montessori – Farbtäfelchen Kasten 3
- Scheibe aus Fotokarton in 12 Segmente einteilen
- Kontrollblatt: Kopiervorlage 11 auf Din A4 vergrößern und colorieren

Sonderpädagogische Hinweise:
- Lernvoraussetzungen: Kennen von Grund- und Mischfarben, Vorerfahrungen mit Farbschattierungen (Graduieren)
- Der Einführung der Materials sollte von Experimente mit Farben begleitet werden, so daß der Zusammenhang zwischen der Entstehung von Mischfarben und der Reihenfolge der Farben der Jahreskette erfahren wird

Variationen:

- Zuordnen der Farbtäfelchen zu den Monaten der großen Jahreskette
- Hinzunahme eines Arbeitsblattes (Kopiervorlage 11) und Buntstifte in den entsprechenden Farben zum Ausmalen der Segmente
- Auf der Fotokartonscheibe am Außenrand jedes Segmentes ein für den betreffenden Monat typisches Ereignis aufkleben (sukzessiv nach Ablauf des Monates)
- Hinzunahme der Monatsnamen: Wortkarten den bebilderten Segmenten zuordnen (Kontrolle durch gleiche Abbildungen auf der Rückseite)

Abb. 40

Kalenderblatt

Material: Blancokalenderblatt (jeweiliger Monat), Stifte

Aspekte:
- Gestalten
- Kognitiver Aspekt

Pädagogische Zielsetzung:
- Verbinden des jeweiligen Monates mit spezifischen Ereignissen
- Gestalten eines passenden Motivs

Bezug:
- Kennenlernen der Monatsnamen (Schülerbedürfnis, geweckt durch die 12 Farben der Jahreskette)
- Materialien: Jahreskette, Kleine Jahreskette, Monatstafel, Wochentage
- Bestimmen des Datums

Handhabung/Kontrolle:
- Nennen des Monats
- Überlegen eines passenden Motivs
- Gestalten dieses Motivs
- Versprachlichen des Gemalten

Herstellung/Beschaffung:
- Blatt des jeweiligen Monats aus einem Blancokalender kopieren

Sonderpädagogische Hinweise:
- für schwächere Schüler: Motive zum Abmalen bereithalten

Variationen:
- Hinzunahme der Monatsnamen: das Schriftbild des jeweiligen Monats unter denen der anderen Monate heraussuchen
- Gestalten des Motivs mit anderen Materialien oder Techniken
- Hinzunahme der Wochentage (Schüleridee!):
  - Eintragen der Abkürzungen
  - Aufkleben von vorbereiteten Etiketten
  - farbige Abkürzungskärtchen (vgl. Wochentage) auflegen

Wochentage

Material: Körbchen, Wochentagekarten, Kärtchen mit Abkürzungen

Aspekte:
- Kognitiver Aspekt
- Sprache
- Wahrnehmung

Pädagogische Zielsetzung:
- Erkennen der Schriftbilder der Wochentage
- Zuordnung der Abkürzungen

Bezug:
- Bei der Dokumentation der Freiarbeit und der Wochenplanarbeit begannen 3 Schüler eigeninitiativ die bisherige Farbmarkierung durch Eintrag von Datum und Schreibversuchen des Wochentages zu ersetzen
- Materialien: Kalenderblatt, Monatstafel
- Bestimmen des Datums und des Wochentages

Handhabung/Kontrolle:
- Wochentage in der richtigen Reihenfolge anordnen (bei Bedarf Orientierung am Tischdienst- oder Wochenplan)
- Abkürzungen durch Vergleich mit den beiden ersten Buchstaben zuordnen
- Abkürzungen lesen

Herstellung/Beschaffung:
- Schriftbilder (Computer) laminieren

Sonderpädagogische Hinweise:
- Lernvoraussetzungen: Kennen der Namen der Wochentage (hier erworben durch die tägliche Dokumentation der Freiarbeit)
- Mögliche Vorübungen:
  - Zuordnung schwarze Schriftbilder – farbige Schriftbilder (zur bisherigen Orientierung hatte jeder Wochentag eine bestimmte Farbe)
  - Zuordnung Schriftbilder – farbige Abkürzungen

Variationen:

- Arbeitsblätter zum Schreibenlernen der Abkürzungen: Nachfahren von Punkt- und Umrißschrift
- Schreibübungen an der Tischtafel oder am Sandtablett
- Eintragen der Abkürzungen in das aktuelle Kalenderblatt oder in den aktuellen Freiarbeitsdokumentationsbogen

Abb. 41

Monatstafel

Material: Legetafel „Monat“, 4 kleine Kästchen mit den Zahlen 1-10, 11-20, 21-30, 31

Aspekte:
- Kognitiver Aspekt
- Wahrnehmung

Pädagogische Zielsetzung:
- Orientierung am Kalender
- Einprägen der Zahlzeichen
- Übung des Zählens
- Einprägen der Zahlfolge

Bezug:
- Bestimmung des täglichen Datums (Schülerwunsch, ausgelöst durch die Beschäftigung mit der Jahreskette)
- Materialien: Jahreskette, Kalenderblatt, Wochentage, Farbige Perlentreppe und Seguin Tafel

Handhabung/Kontrolle:
- Kästchen mit der Aufschrift 10 öffnen, Zahlkärtchen entnehmen und in richtiger Reihenfolge auf die Monatstafel ordnen
- Analog mit den anderen Kästchen verfahren
- Selbstkontrolle durch Vergleich mit dem Kalender

Herstellung/Beschaffung:
- Legetafel analog des Kalenderblattes des jeweiligen Monates zeichnen und laminieren
- Kalenderblatt kopieren, Zahlen ausschneiden und laminieren (Zahlen können für alle Monate verwendet werden)
- Kästchen (in Schmuckgeschäften nachfragen) für die Zahlen mit 10, 20, 30, 40 beschriften

Sonderpädagogische Hinweise:
- Lernvoraussetzungen: Mengen- und Zahlbegriff bis 10
- Zum Kennenlernen der Zahlenfolge kann der Klassenkalender als Vorlage beim Anordnen der Zahlen dienen
- Die Monatstafel wird bei der täglichen Bestimmung des Datums verwendet, wobei jeweils die aktuelle Zahl ergänzt wird

- Die Kästchen dienen als Strukturierungshilfe zum Erfassen des vorgegebenen Zahlenraums

Variationen:
- Hinzunahme von Wochentagekärtchen, bzw. deren Abkürzungen (weiteres Kästchen) zum Anordnen auf die Monatstafel
- Legetafel als Arbeitsblatt auf DIN A4 verkleinern: Eintragen der Zahlen und Wochentage
- Zuordnung von Zahlenpfeilen zu dem jeweiligen Monat der Perlenkette

Abb. 42

Perlenmaterial *

Material: Seguin Tafeln (vgl. Abb. 43), Farbige Perlentreppe, 9 Zehnerstangen des Goldenen Perlenmaterials

Aspekte:
- Kognitiver Aspekt
- Sprache (Zahlwörter)

Pädagogische Zielsetzung:
- Kennenlernen der Zahlensymbole 11-19
- Einprägen der Zahlenfolge 11-19
- Erfassen der Mengen
- Zuordnen von Perlenmenge und Zahlensymbol

Bezug:
- Um das tägliche Datum bestimmen zu können, äußerten einige Schüler den Wunsch, die dafür notwendigen Zahlen kennen zu lernen
- Materialien: Monatstafel, Jahreskette

Handhabung/Kontrolle:
- Seguin Tafeln untereinander anordnen
- Zahlen ungeordnet hinlegen
- Links neben das erste Feld der Seguin Tafel eine Zehnerstange vertikal hinlegen, daneben die Perlenstange 1
- Anzahl der Perlen benennen, die Zahl 1 nehmen und von rechts über die Null schieben, die so entstandene 11 benennen
- Analog mit den Zahlen und Mengen 12-19 verfahren
- Selbstkontrolle durch ein Kontrollblatt

Herstellung/Beschaffung:
- Montessori Material: Seguin Tafel 1, Farbige Perlentreppe, Goldenes Perlenmaterial
- Kontrollblatt herstellen

Sonderpädagogische Hinweise:
- Lernvoraussetzungen: Vertrautheit mit der Farbigen Perlentreppe, Kenntnis der Zahlensymbole 1-10
- Perlenmaterial kann zur Veranschaulichung der Tageszahl bei der Bestimmung des Datums benutzt werden
- Je nach Vermögen der Schüler nur eine Tafel (11-15) bereitstellen

- Zum Kennenlernen der Zahlenfolge kann das Kontrollblatt als Vorlage verwendet werden

Variationen:
- Als Partnerarbeit: Ein Schüler schiebt eine Zahl auf, der Partner legt die Perlenmenge oder umgekehrt
- Arbeitsblätter, z.B. zu Perlenmengen die Zahlen schreiben
- Hinzunahme der Seguin Tafel 2 (11-99)
- Hinzunahme der Hunderterkette

Abb. 43

Raum für Notizen und Materialideen

Raum für Notizen und Materialideen

Materialien zu dem Vorhaben „Das bin ich“

Vorstellen des Vorhabens

Grundsätzliche Überlegungen

Das Bewußtsein der eigenen Körperlichkeit und Individualität ist von grundlegender Bedeutung für die Entwicklung der Persönlichkeit sowie für den Vollzug von Lernprozessen in den unterschiedlichsten Bereichen. Besonders in der Unterstufe ist die intensive Beschäftigung mit dem Thema „Körper“ unerläßlich. Hierbei liegt der Schwerpunkt bei schwächeren Schülern im Wahrnehmungsbereich:

- Sammeln von ganzkörperlichen Wahrnehmungserfahrungen durch taktile, propriozeptive und vestibuläre Anregungen
- Sammeln differenzierter Wahrnehmungserfahrungen mit einzelnen Körperteilen, z.B. Hände
- Sammeln von Bewegungserfahrungen
- Schulung der Sinne durch Seh-, Hör-, Geruchs-, Geschmacks- und Tastübungen

Aufbauend auf die Wahrnehmungserfahrungen können bei leistungsstärkeren Schülern weitere Aspekte, z.B. die Kenntnis des Körpers, der Aufbau einer Körpervorstellung, individuelle Merkmale, Körperausdruck (Gestik, Mimik), Körperfunktionen,........... miteinbezogen werden. Unverzichtbar ist im Sinne einer durchgängigen Sexualkunde auch bei jüngeren Kindern die Einbindung sexualerzieherischer Aspekte entsprechend dem Entwicklungsstand und den Fragen der Schüler, z.B. Wahrung des Intimbereiches, Unterscheidung zwischen männlichem und weiblichen Körper, Geschlechtsteile, Nein-Sagen,....... .

Das Vorhaben „Das bin ich“ eignet sich besonders bei jüngeren Schülern weniger für eine projektartig angelegte Unterrichtsreihe, die auf ein konkret vorzeigbares Ergebnis zielt, sondern eher als Rahmenthema für vielfältige Körper- und Icherfahrungen, wobei sich kleinere Teilvorhaben ergeben können, z.B.

- Wir malen uns selbst
- Wir stellen ein Leporello „Das war ich – das bin ich jetzt“ her
- Wir fertigen eine Collage „Unsere Hand- und Fußabdrücke“ an
- Wir gestalten unseren Körperumriß aus
- Wir kneten unsere Familie

Lerninhalte / Ziele des Vorhabens

Ich kann meinen Körper und seine Teile spüren

- Taktile Erfahrungen machen: Berührungen mit verschiedenen Gegenständen,.......
- Bewußtes Wahrnehmen von Frieren und Schwitzen
- Sich wohlfühlen: sich mit Tüchern einhüllen lassen,...........
- Vestibuläre und propriozeptive Erfahrungen machen: im Kriechtunnel rollen,......
- Spüren der eigenen Körpergeräusche und der Atmung: Atem- und Geräuschspiele
- Körperteile bewußt empfinden:
  - Wo berührt mich der Ball, der Luftballon, die Feder,.....?
  - Welcher Körperteil wird hochgehoben?
  - Körperteile anspannen – entspannen (Spiel Mäusenest)
  - Etwas auf den Rücken Gezeichnetes spüren
  - Beim Duschen einseifen, nach dem Duschen eincremen

Ich kenne meinen Körper und seine Teile

- Körperteile und Teile des Gesichtes an sich selbst und anderen zeigen können: passiver und aktiver Wortschatz, Erarbeitung der Begriffe mit Artikel (der Arm, das Bein,....)
- Unterscheiden zwischen weiblichem und männlichem Körper: Geschlechtsteile mit dem richtigen Namen benennen (Scheide, Penis, Hoden, Brust)
- Wissen, welche Körperteile wir zweimal haben
- Körperumrißzeichnungen
- Entwickeln einer Körpervorstellung:
  - Körperform mit verschiedenen Materialien nachlegen
  - Körperformen kneten, malen, aus Ton formen
  - Körperteilepuzzle

Was ich alles kann

Ausprobieren und verbalisieren, was man mit dem Körper und den einzelnen Körperteilen tun kann

- Körper: strecken, bücken, kriechen, hüpfen, springen,......
- Hände: greifen, malen, klatschen, ..., etwas ausdrücken (Gesten, Gebärden)
- Füße: stampfen, auf Zehen gehen, tasten, greifen, Spuren hinterlassen.......
- Gesicht: Stirn runzeln, Augen zukneifen,.....

Spiele: Spiegelspiel, Kribbel-Krabbel, Froschhüpfen, Abenteuerreise für die Füße, Zublinzeln

Lieder: Ich reibe meine Nase
Kannst du Faxen machen

Ich halte meinen Körper sauber
Schwerpunkte:
- Hände waschen
- Nase putzen
- Kämmen

Mein Gesicht zeigt, was ich fühle
- Gesicht im Spiegel betrachten
- Malen eines Selbstportraits (was gehört dazu)
- Ich habe viele Gesichter (frohes, trauriges, liebes, wütendes,...)
- Erkennen verschiedener Gefühlsausdrücke auf Bildern
- Spiel: Gefühle erraten

Ich habe mich verändert
- Fotoleporello: das war ich – das bin ich jetzt
- Mitschüler auf Kleinkindfotos erkennen
- Ich werde größer, mein Körper verändert sich

Das bin ich und das bist du: du siehst anders aus als ich
- Sich im Spiegel betrachten: Haarfarbe, Augenfarbe, Körperbau
- Sich gegenseitig betrachten und beschreiben
- Sich und andere an der Stimme erkennen
- Hand-, Fußabdrücke, Schattenbilder unterscheiden
- Die Umrißzeichnung entsprechend der eigenen Merkmale ausgestalten

Einbezug des Sportunterrichtes ins Thema
- ganzheitliche, eigenständige und selbstgesteuerte Körper-, Material- und Sozialerfahrungen in strukturierten Spielsituationen und Bewegungslandschaften (Anregungen hierzu: vgl. Doser, 1997, S. 22f)

Sinneserziehung
- Geschmacksübung: süß – sauer
- Geruchsübung: Zahncreme, Handcreme, Seife
- Sehübung:
  - Farbtäfelchen graduieren (Bezug: Vorhaben „Jede Jahreszeit hat ihre Farbe“)
- Mischfarben erkennen und herstellen
- Tastübungen: trocken oder naß?, warm oder kalt?

Materialübersicht

Wahrnehmung:
- Wo berührt mich der Ball? (48)
- Was ist das für ein Gegenstand? (49)
- Mein Rücken kann sehen (50)
- Fußspuren (51)
- Das Geschenk (52)
- Warm oder kalt? (53)
- Gerüche (54)
- Fotopuzzle (55)
- Würfelspiel Gesicht (56)
- Schiebespiel Gesichter (57)
- Naß oder trocken? (58)

Motorik
- Schleifenrahmen (59)
- Zähne putzen (60)
- Zähne und Bürste (61)
- Friseursalon (62)
- Pantomime (63)
- Handpflege (64)

Sprache/kognitiver Aspekt:
- Körperteilememorie (65)

Gestalten/Kreativität:
- Selbstportrait (66)
- Handabdruck (67)
- Körperform (68)
- Körperumriß (69)

Buchtips:
- „Wir entdecken unseren Körper", Ravensburg 1998 (von einer Schülerin mitgebracht, sehr empfehlenswert)
- Braun, Gisela; Wolters, Dorothee: „Das große und das kleine Nein"
- Unser Körper

Wo berührt mich der Ball? * °

Material: Körbchen, Augenbinde, Ball

Aspekte:
- Wahrnehmung (taktil)
- Sprache (Begriffsbildung)

Pädagogische Zielsetzung:
- Förderung des Druck- und Berührungssinns (passiver Teil des Tastsinns)
- Bewußtes Empfinden des Körpers und seiner Teile
- Berührungen an verschiedenen Teilen des Körpers wahrnehmen und lokalisieren
- Verstandesmäßige Verarbeitung der Wahrnehmungen durch Unterscheidung und Benennen der Körperteile (passiver und aktiver Wortschatz)

Bezug:
- Materialien: Was ist das für ein Gegenstand, Köperteilememorie, Körperpuzzle, Körperform legen, Körperform kneten, Umrißzeichnung
- Körpererfahrungen im Sportunterricht

Handhabung/Kontrolle:
- Rollenabsprache, Arbeitsplatz Teppich
- Ein Schüler legt sich mit Augenbinde auf den Teppich
- Der andere Schüler rollt den Ball über einen Körperteil (Arm, Fuß,....) des Partners
- Dieser zeigt oder benennt jeweils den Körperteil, an dem er die Berührung spürt
- Kontrolle durch den Partner
- Rollentausch

Herstellung/Beschaffung:
- Gehören kleine Teppiche nicht zum Klasseninventar, kann auch eine Matte aus der Turnhalle oder eine Decke verwendet werden

Sonderpädagogische Hinweise:
- Bei der Einführung darauf achten:
  - daß der Intimbereich gewahrt und geachtet wird
  - daß der Ball:
  - langsam gerollt wird

- jeweils nur einen Körperteil und diesen ganz eindeutig berührt
- Differenzierung durch die Auswahl des Balls (Gewicht, Material)
- Für Schwerbehinderte: Körpererfahrung mit Massagebällen

Variationen:

- Statt eines Balls einen aufgeblasenen Luftballon verwenden
- Hinzunahme von Körperteilebildkarten: Es wird jeweils die den berührten Körperteil darstellende Karte herausgesucht
- Tennisballmassage (vgl. Beudels, 1996, S. 135)

Quelle: Psychomotorikkartei (Abwandlung der Idee T19, S9)

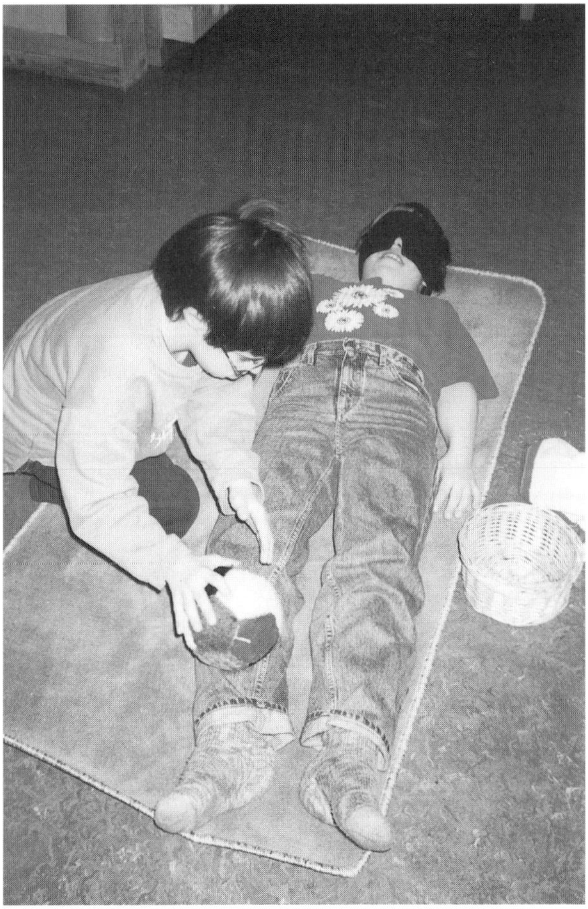

Abb. 44

Was ist das für ein Gegenstand? * °

Material: Körbchen mit Märchenwollbäuschchen, Stein, Nagelbürste, Waschlappen, Körperteilekarten (Arm, Hand), Augenbinde

Aspekte:
- Wahrnehmung (taktil)
- Sprache (Begriffsbildung)

Pädagogische Zielsetzung:
- Sammeln von taktilen Erfahrungen
- Sich im Bezug zur materialen Umwelt wahrnehmen
- Material und seine Eigenschaften wahrnehmen
- Empfindungen Gegenständen zuordnen
- Bewußtes Wahrnehmen ausgewählter Körperteile

Bezug:
- Materialien: Wo berührt mich der Ball?, Körperteilememorie, Körperteilepuzzle, Körperform legen, Körperform kneten
- Körper- und Materialerfahrung im Sportunterricht

Handhabung/Kontrolle:
- Ein Schüler legt sich mit Augenbinde auf einen Teppich und wählt mit Hilfe der Körperteilekarten den Körperteil, an dem er berührt werden möchte
- Der Partner streicht mit den Gegenständen über diesen Körperteil
- Der Schüler zeigt oder benennt den wahrgenommenen Gegenstand
- Kontrolle durch den Partner
- Rollentausch

Herstellung/Beschaffung:
- Gegenstände nach einiger Zeit durch andere austauschen
- Körperteilekarten (Körperumriß zeichnen, entsprechenden Körperteil colorieren) laminieren

Sonderpädagogische Hinweise:
- Differenzierung durch Auswahl und Anzahl der Gegenstände
- Mit sehr unterschiedlichen Gegenständen beginnen
- Gegenstände benennen lassen
- für Schwerbehinderte: Erfahren von Materialunterschieden, ohne Rollentausch

• Hat ein Schüler Schwierigkeiten bei der Unterscheidung bestimmter Körperteile können diese durch die Körperteilekarten berücksichtigt werden

Variationen:
• Windmachine: durch Wedeln mit einem Stoffrisby oder Zeitung Wind erzeugen und langsam über die einzelnen Körperteile wandern lassen (vgl. Beudels, S. 139)
• Erfahren von warm und kalt durch Auflegen von einer warmen und einer kalten „Wärmflasche"
• Als Einzelarbeit: Sich selbst mit den Gegenständen berühren und spüren (Schüleridee! vgl. Abb. 45)

Quelle: Psychomotrikkartei (Abwandlung der Idee T19,S1)

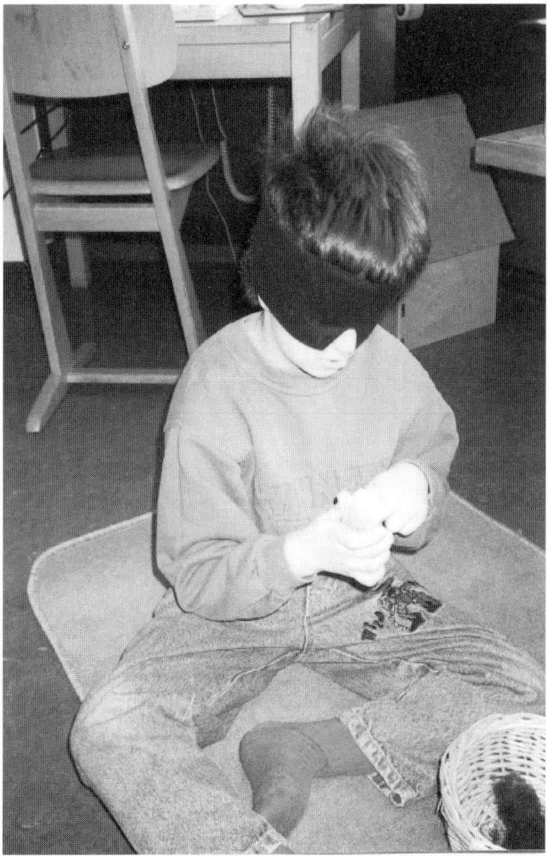

Abb. 45

Mein Rücken kann sehen ° *

Material: Kartenpaare mit einfachen Umrißzeichnungen, Körbchen

Aspekte:
- Wahrnehmung (taktil/visuell)
- Sprache

Pädagogische Zielsetzung:
- Bewußtes Empfinden des Rückens
- Konzentration auf die Berührung
- Identifizierung von Formen durch Spüren
- Verbale und nonverbale Kommunikation

Bezug:
- Geometrische Kommode

Handhabung/Kontrolle:
- Absprache der Rollen, Arbeitsplatz: Teppich
- Ein Schüler setzt sich auf den Teppich und legt eine Serie Umrißzeichnungen vor sich hin
- Der Partner wählt eine Umrißzeichnung aus seiner Serie, spurt sie mit dem Zeigefinger nach und zeichnet sie auf den Rücken des Partners
- Dieser sucht die entsprechende Karte
- Selbstkontrolle durch Vergleich der beiden Karten
- „Auswischen" (mit der Handfläche über den Rücken streichen)
- Rollentausch

Herstellung/Beschaffung:
- Zeichnen von Formen, jeweils zwei gleiche auf unterschiedlich farbigem Papier
- Ausschneiden in Kartenform, laminieren

Sonderpädagogische Hinweise:
- Bekannte Formen auswählen, benennen, z.B. als Kreis oder Ball
- Differenzierung durch Auswahl und Anzahl der Formen
- für Schwerbehinderte: Berührungen auf dem Rücken empfinden

Variationen:
- Ziffern- oder Buchstabenkarten (besonders geeignet aus Fühlmaterial)

Quelle: Psychomotorikkartei (Abwandlung der Idee T19, S8)

Fußspuren * °

Material: Holztablett, Fußpaare aus verschiedenen Materialien, Augenbinde

Aspekte:
- Wahrnehmung (taktil)

Pädagogische Zielsetzung:
- Entwickeln und Verfeinern des Tastsinns
- Wahrnehmen unterschiedlicher Tastqualitäten (rauh, weich,....)
- Führen und sich führen lassen

Bezug:
- Körper- und Materialerfahrungen im Sportunterricht

Handhabung/Kontrolle:
- Fußpaare hintereinander in Kreisform aufreihen
- Absprechen, wer zuerst führt
- Der Führer gibt dem Geführten ein Materialstück in die Hand. Dieser geht barfuß die Fußpaare ab und bleibt dort stehen, wo er das gleiche Material spürt
- Selbstkontrolle durch visuellen Vergleich oder durch den Partner
- Rollenwechsel

Herstellung/Beschaffung:
- Fußpaare aus Fotokarton mit Hilfe einer Schablone ausschneiden und mit verschiedenen Materialien bekleben (Filz, Schmirgelpapier,......)

Sonderpädagogische Hinweise:
- Lernvoraussetzungen: Erfahrungen im Führen und Folgen
- Hilfe zum Legen der Fußpaare: Kreisform mit Tesakrepp markieren
- Für schwächere Schüler: Fußpaare mit offenen oder verbundenen Augen abgehen und Materialunterschiede wahrnehmen
- Für Schwerbehinderte: Taststraße zum Fühlen mit Händen, Knien, Füßen (vgl. Spiks, F4)

Variationen:
- Tastfüße durch Fühlen mit den Händen oder Füßen paaren

Quelle: Mit allen Sinnen,1996, S. 99

Das Geschenk *

Material: Körbchen, Bierdeckel

Aspekte:
- Wahrnehmung (taktil)
- Motorik

Pädagogische Zielsetzung:
- Sich, seinen Körper und seine Teile wahrnehmen
- Sich entspannen
- Den Körper nicht bewegen
- Förderung der Bewegungskoordination und der Auge-Hand-Koordination
- Lernen, eine Bewegung so langsam auszuführen, wie es die Sache erfordert
- Kommunikation über Material

Bezug:
- Materialien: Wo berührt mich der Ball, Was ist das für ein Gegenstand
- Entspannungsübungen

Handhabung/Kontrolle:
- Rollenabsprache, Arbeitsplatz Teppich
- Ein Schüler legt sich auf den Rücken (möglichst mit geschlossenen Augen)
- Der Partner verhüllt ihn langsam und vorsichtig, Körperteil für Körperteil mit Bierdeckeln
- Er bestimmt einen Mitschüler (oder Lehrkraft), der das „Geschenk" auspacken darf
- Rollenwechsel

Herstellung/Beschaffung:
- In Gasthäusern nach Bierdeckeln fragen

Sonderpädagogische Hinweise:
- Bei der Einführung als Vorstellungshilfe betonen: das Geschenk ist kostbar, darf nicht beschädigt werden, muß ganz behutsam verpackt werden
- Der Einsatz leiser meditativer Musik wirkt unterstützend
- Das Gesicht sollte nur auf Wunsch abgedeckt werden (Nebenziel: Bedürfnis des Partners ermitteln und achten)

Variationen:

- Verwendung anderer Materialien: Zeitungen, Reissäckchen, Tücher (vgl. Abb. 47)
- Mehrere Schüler verpacken das Geschenk

Quelle: Beudels, 1996, S. 137

Abb. 46

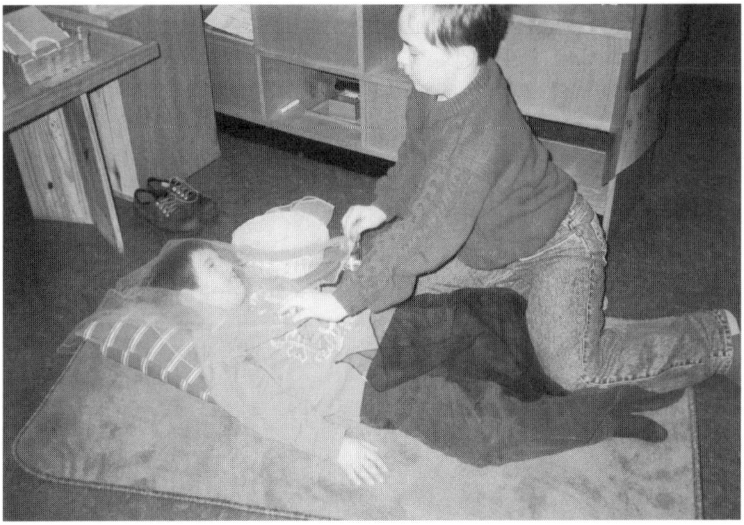

Abb. 47

warm oder kalt? * °

Material: Holztablett, Wärmebrettchen, Schachtel mit Gegenständen, Augenbinde

Aspekt: Wahrnehmung

Pädagogische Zielsetzung:
- Wahrnehmung von Temperaturunterschieden
- Unterscheidung der Wärmequalitäten „warm und kalt“

Bezug:
- Körperpflege: Hände waschen, Duschen
- Ernährung: kalte und warme Speisen

Handhabung/Kontrolle:
- Augenbinde anziehen, Wärmebrettchen befühlen (Gesicht, Hände), Temperaturunterschiede wahrnehmen und entsprechend paaren
- Die Paare getrennt anordnen
- Aus der Schachtel jeweils einen Gegenstand entnehmen, fühlen und den Wärmebrettchen zuordnen
- Selbstkontrolle durch Abnehmen der Augenbinde

Herstellung/Beschaffung:
- Montessori Wärmebrettchen: Paare Filz und Metall
- Gegenstände aus Filz und Metall

Sonderpädagogische Hinweise:
- Bei der Einführung von Temperaturunterschieden ist der Einsatz von Wärmekrügen (Montessori) zum Einfüllen von Wasser zu empfehlen (vgl. Köhnen, 1997, S. 28)
- Für Schwerbehinderte: Erfahren von Temperaturunterschieden

Variationen:
- Zuordnen von Abbildungen von Gegenständen, die offensichtlich warm oder kalt sind: Schnee, Eis, Kühlschrank, Wollschal, Sonnenstrahlen,...
- Hinzunahme der Wortkarten in roter und blauer, sowie in schwarzer Schrift
- Als Partnerarbeit: Den Partner Temperaturunterschiede ohne Augenbinde fühlen lassen (Schüleridee! vgl. Abb. 49)

Abb. 48

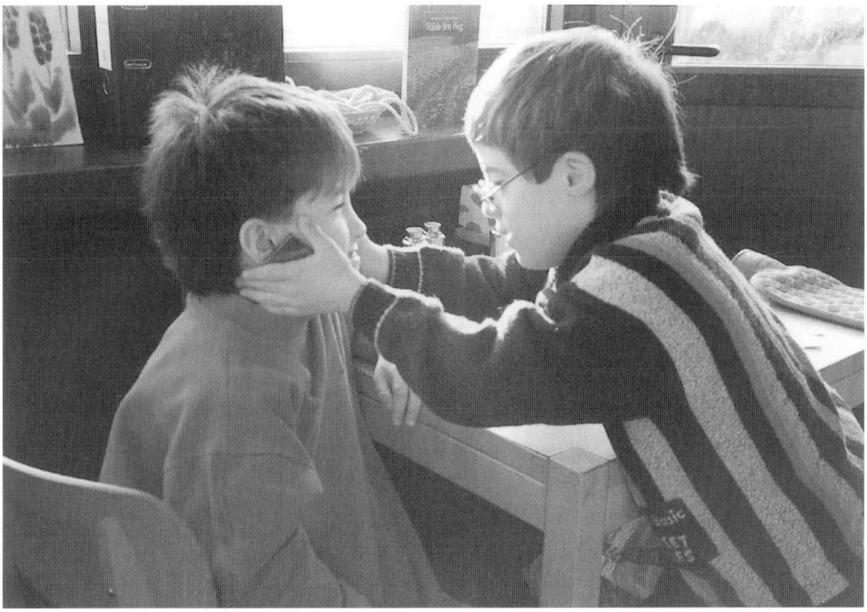

Abb. 49

Gerüche * °

Material: Holztablett, Handcreme, Zahnpasta, Hyazinthe, Veilchen

Aspekte:
- Wahrnehmung
- Motorik

Pädagogische Zielsetzung:
- Bewußtes Wahrnehmen von Gerüchen
- Unterscheidung ausgewählter Düfte
- Förderung der Nasenatmung
- Handhabung von Drehverschlüssen

Bezug: Körperpflege

Handhabung/Kontrolle:
- Gegenstände auf den Tisch stellen
- Ein Schüler schließt die Augen (evt. mit Augenbinde), der Partner läßt ihn an einem Gegenstand riechen (Tuben öffnen und schließen) und stellt diesen wieder auf den Tisch. Der Schüler öffnet die Augen, zeigt oder benennt den entsprechenden Gegenstand
- Kontrolle durch den Partner

Herstellung/Beschaffung:
- Supermarkt

Sonderpädagogische Hinweise:
- Die Hinzunahme der Blumen berücksichtigte das starke Interesse der Schüler an Blumendüften, das sie im Rahmen des Religionsunterrichtes (Wertschätzung von Pflanzen) zeigten
- Für Schwerbehinderte: Sammeln von Geruchserfahrungen
- Differenzierung durch Anzahl und Auswahl der Düfte

Variationen:
- Duftdosen (leere Dropsdosen mit Duftstoffen füllen) durch Riechen den Gegenständen zuordnen (Augenbinde), Selbstkontrolle durch Bilder auf der Unterseite der Dosen
- Hinzunahme von Abbildungen der Gegenstände: Bildkarten ziehen und die entsprechenden Duftdosen bestimmen
- Zuordnen von Wortkarten

- Ordnen der Gegenstände nach Oberbegriffen: Pflegemittel – Blumen
- Eincremen der Hände mit der Handcreme – Riechen (Schüleridee!)
- Als Einzelarbeit ohne Augenbinde: Zuordnung von Gegenständen (bewußtes Riechen) und Duftsäckchen, Abbildungen und Wortkarten (Schüleridee! vgl. Abb. 50)

Abb. 50

Fotopuzzle *

Material: Körbchen, Puzzleteile aus Portraitfotos der Schüler und Lehrkräfte

Aspekte:
- Wahrnehmung
- Sprache

Pädagogische Zielsetzung:
- Wahrnehmen der Individualität eines Gesichtes
- Erkennen der Zugehörigkeit von Gesichtsteilen
- Entdecken von Ähnlichkeiten

Bezug:
- Materialien: Schiebespiel Gesicht, Selbstportrait, Würfelspiel „Gesicht“
- Teilvorhaben „Das ist mein Gesicht“

Handhabung/Kontrolle:
- Gesichtsteile nach Personen ordnen und zusammensetzen
- Selbstkontrolle durch Vergleich mit den Personen oder durch Farbmarkierungen auf der Rückseite

Herstellung/Beschaffung:
- Portraitfotos der Schüler und Lehrkräfte laminieren und in gleiche Teile schneiden

Sonderpädagogische Hinweise:
- Mit 2 Teilen beginnen (obere und untere Gesichtshälfte)
- Differenzierung durch Anzahl der Personen
- Für Schüler, die die Aufgabe mit allen Personen der Klasse bewältigen, Fotos in drei oder mehr gleiche Teile zerlegen

Variationen:
- Als Partnerarbeit
- Nach dem Zusammensetzen Schattenbilder (Profil) oder Namenkarten zuordnen
- Ausgewählte Personen nach den Fotos malen (Schüleridee!)
- Lustige Collage: verschiedene Personen zusammensetzen, aufkleben und die Teile mit Namenschildchen kennzeichnen (aus Kostengründen: Kopien der Fotos verwenden)

Abb. 51

Abb. 52

Würfelspiel Gesicht *

Material: Holztablett, 2 Gesichtspuzzle (Briefumschläge), Würfel

Aspekte:
- Wahrnehmung
- Sprache

Pädagogische Zielsetzung:
- Unterscheiden und Benennen ausgewählter Kopf- und Gesichtsteile
- Förderung der Anordnungsvorstellung von Gesichtsteilen

Bezug:
- Materialien: Fotopuzzle, Schiebespiel, Selbstportrait
- Teilvorhaben „Das ist mein Gesicht“

Handhabung/Kontrolle:
- Partnerspiel
- Jeder Schüler legt seine Puzzleteile ungeordnet vor sich hin
- Wer eine 6 würfelt, darf sich ein Teil aussuchen, so entsteht nach und nach vor jedem Schüler ein Gesicht
- Wer zuerst sein Gesicht zusammengefügt hat, hat gewonnen und kann seinem Partner bei dessen Gesicht helfen

Herstellung/Beschaffung:
- Spielvorlage selbst gestalten, laminieren und zerschneiden oder
- Kopiervorlage entnehmen aus: Bausteine Kindergarten, S. 13

Sonderpädagogische Hinweise:
- Differenzierung durch Anzahl der Teile
- Für schwächere Schüler: Auflagevorlage
- Würfelzahl entsprechend dem Mengenverständnis der Schüler festlegen, für schwächere Schüler Farbwürfel (weiß mit einer Fläche rot)

Variationen:
- Als Einzelarbeit: Zusammenlegen des Puzzles
- Als Gruppenspiel (Ergänzung des Materials durch weitere Gesichtspuzzles)

Quelle: Bausteine Kindergarten, S. 12

Schiebespiel Gesichter

Material: Übungsgerät, Aufgabenkarte „Gesichter“

Aspekt: Wahrnehmung (optische)

Pädagogische Zielsetzung:
- Unterscheidungsmerkmale ähnlicher Figuren erkennen
- Genaues Betrachten von Gesichtern (Frisur, Mundstellung, ...)

Bezug:
- Materialien: Selbstportrait, Würfelspiel Gesicht, Gesichtspuzzle
- Teilvorhaben „Das ist mein Gesicht“

Handhabung/Kontrolle:
- Den zur Aufgabe gehörigen Schiebeknopf (erkennbar durch Farbzuordnung) bis zur Ecke des Gerätes schieben
- Das passende Gesicht am rechten Rand der Karte suchen und den Schiebeknopf in die Lösungsleiste schieben
- Selbstkontrolle nach Lösung aller Aufgaben durch Umdrehen und Einschieben der Aufgabenkarte
- Schiebeknöpfe wieder in die Ausgangsposition am unteren Rand des Gerätes führen

Herstellung/Beschaffung:
- Gerät: Logico Piccolo, Finken-Verlag
- Aufgabenkarte Gesichter aus: Mathematik/Basisübungen 1: Ubungen zur optischen Wahrnehmung und Begriffsbildung

Sonderpädagogische Hinweise:
- Lernvoraussetzungen zur Handhabung des Gerätes: Farbkenntnisse, Erfassen des Schiebesystems
- Nachteil des Materials: Durch die vorgegebene Aufgabenkarte ist eine Differenzierung bezüglich Anzahl und Schwierigkeitsgrad der Aufgaben nicht möglich
- Abwandlung für schwächere Schüler: Gesichtskarten (je 2 zum Zuordnen) selbst herstellen

Variationen:
- Erkennen und Zuordnen unterschiedlicher Gefühlsausdrücke: Bildmaterial „Weinen – Wüten – Lachen“ von Tausch u.a., Ravensburg

Naß oder trocken ? * °

Material: Großer Spiegel, Schwamm, kleiner Eimer, Tuch, keines Handtuch

Aspekte:
- Motorik (Übung des täglichen Lebens)
- Wahrnehmung (taktil)
- Sprache (Begriffsbildung)

Pädagogische Zielsetzung:
- Schulung der Bewegungskoordination und der Auge-Hand-Koordination
- Schulung der Fertigkeiten: Auswringen, Abwischen, Trocknen
- Unterscheidung naß – trocken
- Empfinden von Nässe auf der Haut

Bezug:
- Materialien: Hände waschen, Zähne putzen (Anlaß: Beobachtung, daß zwei Schüler Nässe auf der Haut (Mund, Hände) nicht wahrnehmen, bzw. nicht das Bedürfnis zeigen, diese zu trocknen)
- Abwischen des Tisches nach den Mahlzeiten

Handhabung/Kontrolle:
- Wasser in den Eimer füllen
- Schwamm naß machen und auswringen
- Spiegel mit dem Schwamm putzen
- Sich mit dem Handtuch die Hände abtrocknen
- Spiegel trocken wischen
- Selbstkontrolle durch Blick in den Spiegel (an nassen Stellen sieht man sich unscharf)
- Überprüfen, ob die Hände trocken sind: durch Handdruck auf den Spiegel

Herstellung/Beschaffung:
- Spiegel: Haushalt, Bekanntenkreis?

Sonderpädagogische Hinweise:
- Mögliche Vorübungen:
- Unterscheidung naß – trocken auf verschiedenen Hautstellen
- Unterscheidung nasser und trockener Materialien: Schwamm, Bürste, Waschlappen, Tuch,...

- Bei der Einführung auf die deutliche Demonstration der Hin- und Her - Bewegung beim Wischen achten
- Für Schwerbehinderte: Erfahren nasser und trockener Materialien auf der Haut

Variationen:
- Gesicht waschen und abtrocknen
- Regentropfenspiel als Partnerarbeit: Mit einer Pinpette Tropfen auf die Haut des Partners regnen lassen, dieser trocknet sich mit verbundenen Augen ab
- Experimentieren mit Schwamm und Spiegel (vgl. Abb. 54)

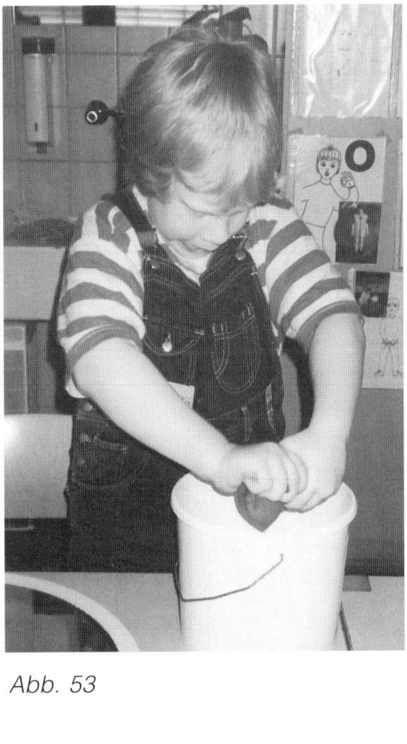

Abb. 53

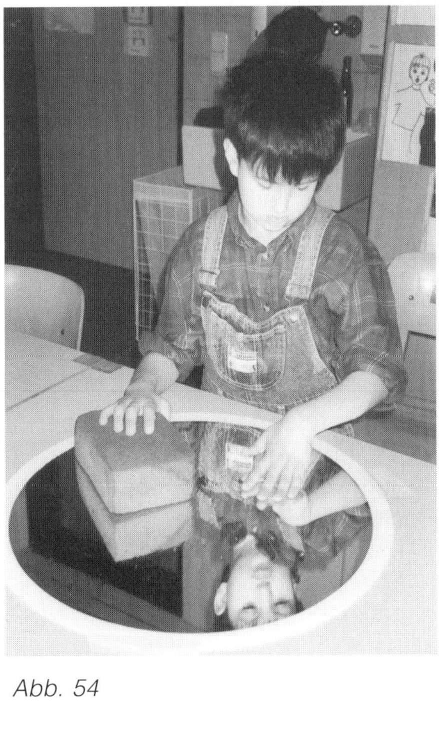

Abb. 54

Schleifenrahmen

Material: Schleifenrahmen

Aspekt: Motorik

Pädagogische Zielsetzung:
- Selbständigkeit beim Ankleiden
- Binden von Knoten und Schleifen

Handhabung/Kontrolle:
- Stoffteile an den Ecken anfassen und zur Mitte legen
- Bandpaar aufnehmen und durch Kreuzen der Arme übereinanderlegen
- Das Ende des roten Bandes unter das weiße schieben und herausziehen (Bildung des Knotens)
- Mit dem roten Band eine Schlaufe bilden und diese dicht am Knoten mit Daumen und Zeigefinger festhalten
- Das weiße Band mit Daumen und Zeigefinger der anderen Hand von vorne nach hinten um die Schlaufe führen und mit dem Zeigefinger durch die entstehende Öffnung stecken
- Beide Schlaufen gleichzeitig fest anziehen
- Selbstkontrolle: bei Fehlern hält die Schleife nicht
- Vorgang an den anderen Bändern wiederholen

Herstellung/Beschaffung:
- Montessori Schleifenrahmen

Sonderpädagogische Hinweise:
- Da im Rahmen des Themas Körper oft die Schuhe an- und ausgezogen werden, entsteht bei manchen Schülern die Motivation das Binden der Schleife zu erlernen
- Die zweifarbigen Bänder, das Zerlegen des Ablaufes und die Wiederholung anhand des Schleifenrahmens tragen zur Verdeutlichung des komplexen Vorgangs bei

Variationen:
- Hinzunahme unterschiedlicher Schuhe (Turnschuhe, Halbschuhe.....)

Quelle: Montessori-Material Teil1, 1986, S. 16

Zähne putzen

Material: Zahnpasta, Zahnputzbecher, Zahnbürste, Handtuch, Spiegel

Aspekte:
- Motorik
- Kognitiver Aspekt

Pädagogische Zielsetzung:
- Wissen, was man zum Zähne putzen braucht
- Kennen des Handlungsablaufs
- Vollziehen der Handlungsschritte

Bezug:
- Im Rahmen der Sinneserziehung (Geruchserfahrungen: u.a. Riechen geputzter Zähne) äußerten einige Schüler den Wunsch, Zähne putzen in die Freiarbeit zu nehmen, um es richtig zu lernen
- Materialien: Warm oder kalt, Naß oder trocken, Gerüche, Zähne und Bürste

Handhabung/Kontrolle:
- Vollziehen des Handlungsablaufs

Herstellung/Beschaffung:
- Die Schüler bringen ihre Zahnputzsachen in die Schule mit

Sonderpädagogische Hinweise:
- Für Schüler, die bei einzelnen Handlungsschritten Schwierigkeiten haben, gezielt Übungsmaterial bereitstellen, z.B. Schraubverschlüsse, Wasser gießen, Reinigen von Bürsten und Pinseln
- Plaque Tabletten zeigen sehr eindrucksvoll, wo noch Belag ist

Variationen:
- Hinzunahme von Bildern: Handlungsablauf „Zähneputzen“ (siehe Kopiervorlage 12) ordnen und versprachlichen
- Arbeitsblatt: Einkreisen, was man zum Zähneputzen benötigt
- Beim Handlungsschritt „Reinigen der Zähne“ Walkman hinzunehmen (siehe Material Zähne und Bürste)

Zähne und Bürste

Material: Holztablett, großes Gebiß, große Zahnbürste, Walkman, Cassette

Aspekte:
- Motorik
- Kognitiver Aspekt
- Sprache

Pädagogische Zielsetzung:
- Üben der gründlichen Reinigung der Zähne
- Ausführen von Auf- und Abbewegungen mit der Zahnbürste
- Wissen, daß Innen,- Außen und Kauflächen geputzt werden müssen (Begriffsbildung)

Bezug:
- Material: Zähne putzen
- Körperpflege

Handhabung/Kontrolle:
- Walkman einschalten und aufsetzen
- Bewegungen entsprechend des Cassettentextes ausführen

Herstellung/Beschaffung:
- Demonstrationsmodell Zähne: Lernmittelraum, AOK,...?
- Text auf Cassette sprechen

Sonderpädagogische Hinweise:
- Der Text bezieht sich nur auf den Handlungsschritt „Reinigen der Zähne", Umfang und Sprachniveau dem Vermögen der Schüler anpassen

Variationen:
- Auf- und Abbewegungen auf verschiedenen Ebenen:
- Ausmalen großer Zähne an der Tafel mit Kreide (Breitseite)
- Arbeitsblatt: Zähne mit Wachsmalblöcken ausmalen
- Nachfahren von Zickzack- oder Spiralmustern

Abb. 55: Zähne und Bürste

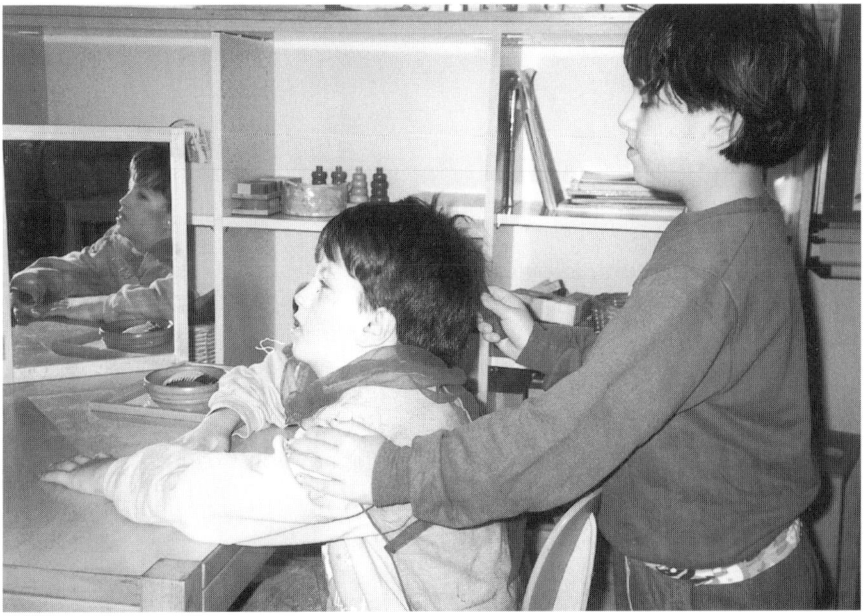

Abb. 56: Friseursalon

Friseursalon * °

Material: Kleines Holztablett, Holzschälchen mit Spängchen, Kamm, Bürste, Umhang, großer Spiegel

Aspekte:
- Motorik
- Wahrnehmung
- Sprache

Pädagogische Zielsetzung:
- Pflege anderer Personen
- Umgang mit Kamm und Bürste
- Ausprobieren von Frisuren
- Entwickeln eines individuellen Geschmacks

Bezug:
- Körperpflege

Handhabung/Kontrolle:
- Einrichten des Friseursalons
- Absprache der Rollen
- Rollenspiel: Begrüßung,...
- Kämmen, Frisieren
- Rollenwechsel

Herstellung/Beschaffung:
- Tischspiegel, besonders geeignet: Artikulationsspiegel

Sonderpädagogische Hinweise:
- Das Material beinhaltet soziale Aspekte: Sorgsamer und sensibler Umgang mit anderen Menschen, Berücksichtigung von Wünschen,...
- Für Schwerbehinderte: Berührungen an den Haaren erfahren

Variationen:
- Als Einzelarbeit (Schüleridee!): Ausprobieren von Frisuren

Pantomime *

Material: Körbchen, Bildkarten mit dargestellten Handlungen

Aspekte:
- Motorik
- Wahrnehmung (visuell)
- Sprache (Wortschatzerweiterung)

Pädagogische Zielsetzung:
- Bewußtes Erfahren und Verbalisieren, was man mit dem Körper und den einzelnen Körperteilen tun kann
- Erkennen bildlich und pantomimisch dargestellter Tätigkeiten
- Handlungen ohne Sprache und Hilfsmittel darstellen

Bezug:
- Materialien zum Körperschema
- Lebenspraktische Tätigkeiten, Körper- und Bewegungserfahrungen im Sportunterricht

Handhabung/Kontrolle:
- Bildkarten übersichtlich anordnen
- Ein Schüler stellt eine Handlung pantomimisch dar, der Partner errät die Tätigkeit und zeigt die entsprechende Bildkarte
- Kontrolle durch den Partner

Herstellung/Beschaffung:
- Selbstherstellung, z.B. Strichmännchenzeichnungen, oder entnehmen aus:
  - Hamburger Serie zur Sprachförderung, Verlag Schnuffeln, Pulheim
  - Computerprogramme: Bilder-Fonts Tun-Wörter

Sonderpädagogische Hinweise:
- Der Einsatz der Bikldkarten bereitet die eigenständige Pantomine vor

Variationen:
- Selbst Tätigkeiten ausdenken, darstellen und erraten lassen
- Als Einzelarbeit: Bildkarten in Handlungen umsetzen und die Tätigkeit versprachlichen
- Ordnen der Tätigkeiten: Was tue ich mit den Händen, den Füßen, der Nase,......?

Handpflege °

Material: Waschschüssel, Unterteller mit Seife, kleines Handtuch, Handcreme

Aspekte:
- Motorik
- Sprache
- Wahrnehmung

Pädagogische Zielsetzung:
- Förderung des Körperbewußtseins
- Bewußtes Wahrnehmen der Teile einer Hand: Handrücken, Daumen,.....
- Entwickeln und Koordination der Bewegung: Einseifen, Reiben, Abwaschen des Schaums, Abtrocknen, Eincremen
- Pflege der eigenen Person
- Entwickeln des Sinns für Hygiene

Bezug:
- Körperpflege
- Materialien: Gerüche, Naß oder trocken?

Handhabung/Kontrolle:
- Schüssel mit Wasser halbvoll füllen und zum Tisch tragen
- Hände ins Wasser tauchen, auch den Handrücken bedecken
- Seife riechen, Hände einseifen und solange reiben, bis viel Schaum entsteht
- Jeden Finger einzeln einseifen
- Schaum abwaschen
- Abtrocknen (alle Handteile beachten)
- Eincremen (Öffnen der Tube, Dosieren, Zuschrauben)
- Arbeitsplatz aufräumen

Herstellung/Beschaffung:
- Alte Emailleschüssel mit Griffen (vgl. Abb. 57) im Bekanntenkreis?

Sonderpädagogische Hinweise:
- Wasser löst angenehme taktile Reize aus. Die Atmosphäre, die vom Waschen über einer Schüssel ausgeht, führt besonders bei hyperaktiven Kindern zum intensiveren Erleben des Wassers und der einzelnen Handteile. Da die Ablenkung durch fließendes Wasser entfällt, besteht die Möglichkeit zur vollen Konzentration auf die Bewegung

- Das Material ermöglicht Wasserbeobachtungen: Luftbläschen, Kreisen des Wassers,............
- Bei der Einführung darauf achten, beim Einseifen, Abwaschen des Schaums, Abtrocknen und Eincremen die gleiche Reihenfolge einzuhalten, z. b. Handrücken, kleiner Finger, Zeigefinger,....., dabei die Teile benennen
- Das Aufräumen des Arbeitsplatzes beinhaltet weitere lebenspraktische Tätigkeiten: Eine Schüssel mit Wasser tragen ohne etwas zu verschütten, Wasser ausgießen, Schüssel abtrocknen, benutztes Handtuch in die Wäsche bringen, für ein neues sorgen
- Für Schwerbehinderte: Wassererfahrungen, Spüren von Wasser auf der Haut,.....

Variationen:
- Waschen des Gesichtes (Ergänzen des Materials mit Waschlappen, Spiegel, Gesichtscreme)
- Waschen der Füße
- Unterscheidung warm – kalt (2 Schüsseln)
- „Wasserspiele“: Ergänzung des Materials durch eine kleine Kanne zum Begießen der Hände und deren Teile

Quelle: Anderlik, 1996, S. 197f

Abb. 57

Körperteilememorie *

Material: Bildkarten mit Körperumrissen, auf denen einzelne Körperteile farbig gekennzeichnet sind, paarweise gleich

Aspekte:
- Sprache (Begriffsbildung, Artikelübung)
- Wahrnehmung
- Kognitiver Aspekt

Pädagogische Zielsetzung:
- Verstandesmäßige Verarbeitung von Körpererfahrungen und -wahrnehmungen
- Erkennen, welche Körperteile farbig gekennzeichnet sind
- Benennen der Körperteile
- Zuordnung gleicher Bildkarten
- Zuordnung und Verwendung des Artikels

Bezug:
- Materialien zur Körpererfahrung
- Material „der oder die" (vorangegangenes Vorhaben; Weiterführung von Artikelübungen)

Handhabung/Kontrolle:
- Bildkarten ungeordnet hinlegen
- Paare bilden, Körperteile benennen
- Artikelsymbole zuordnen
- Versprachlichen: der Kopf,...
- Selbstkontrolle durch Farbmarkierungen auf der Rückseite

Herstellung/Beschaffung:
- Körperumriß zeichnen und vervielfältigen
- Ausgewählte Körperteile paarweise colorieren
- Karten laminieren
- Artikelsymbole siehe Seite 173

Sonderpädagogische Hinweise:
- Für schwächere Schüler: Erkennen und Benennen der colorierten Körperteile (ohne Artikelsymbole)
- Für Schüler, die noch große Schwierigkeiten bei der Bestimmung des Artikels haben, eine der Bildkarten mit einem kleinen Artikelsymbol in

der linken oberen Ecke versehen, hier steht die bewußte Verwendung von Artikeln im Vordergrund
- Differenzierung durch Anzahl und Auswahl der Körperteile

Variationen:
- Als Partnerarbeit: Memorie-Spiel (ohne Artikelsymbole)
- Zuordnung Bildkarten – Wortkarten (mit Artikelsymbolen)
- Ordnen: Welche Körperteile haben wir zweimal?
- Einzahl – Mehrzahl: der Arm – die Arme (mit Artikelsymbolen)

Quelle: Köhnen, 1997 (Abwandlung der Idee S. 42)

Abb. 58

Selbstportrait *

Material: Holztablett, Spiegel, Blätter mit vorgezeichnetem Kopfumriß (Klarsichthülle), Buntstifte

Aspekte:
- Wahrnehmung
- Gestalten
- Sprache

Pädagogische Zielsetzung:
- Wahrnehmen individueller Merkmale (Haarfarbe, Augenfarbe, ...)
- Entwickeln einer Ich-Vorstellung
- Gezieltes Ausgestalten des Kopfumrisses
- Festigung einer Anordnungsvorstellung der Gesichtsteile

Bezug:
- Materialien: Fotopuzzle, Gesichtspuzzle, Schiebespiel
- Teilvorhaben „Ich sehe anders aus als du"

Handhabung/Kontrolle:
- Sich im Spiegel betrachten
- Haare des Kopfumrisses in der eigenen Farbe gestalten
- jeweils ein Gesichtsteil genau betrachten, berühren, benennen und mit der entsprechenden Farbe in den Kopfumriß einzeichnen
- Selbstkontrolle durch Vergleich mit dem Spiegelbild

Herstellung/Beschaffung:
- Handspiegel oder großer Tischspiegel (z.B.Artikulationsspiegel)
- Kopfumriß (siehe Kopiervorlage 13)

Sonderpädagogische Hinweise:
- Vorausgegangene Lerninhalte: Erarbeitung der Kopf- und Gesichtsteile, Spiele zum Vergleichen von Gesichtern
- Für schwächere Schüler: Anordnung der Gesichtsteile mit Punkten und Strichen markieren

Variationen:
- Freies Selbstportrait ohne Vorgabe einer Umrißzeichnung
- Als Partnerarbeit: Portrait des Partners gestalten und miteinander vergleichen

- Gestalten mit anderen Farben: z.B. Fingerfarben, Aquarellfarben......
- Sich mit Theaterschminke das Gesicht bemalen

Quelle: Bausteine Kindergarten (Abwandlung der Idee „Ich entdecke mein Gesicht, S. 8)

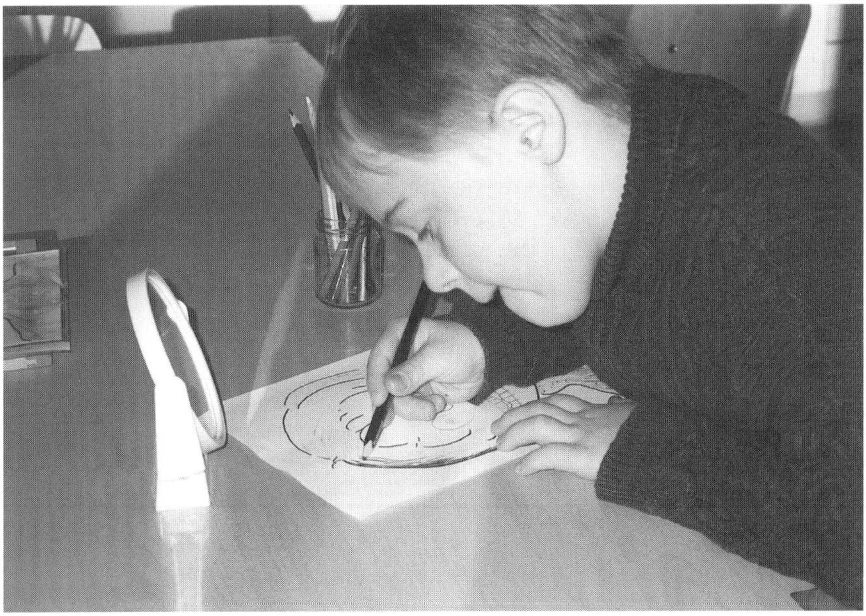

Abb. 59

Handabdruck *

Material: Holztablett, Fingerfarbe, Papiertücher, Blätter (Klarsichthülle), Pinsel

Aspekte:
- Wahrnehmung (taktil, visuell)
- Gestalten
- Sprache (Begriffsbildung)

Pädagogische Zielsetzung:
- Bewußtes Empfinden der Handinnenfläche
- Wahrnehmen und Benennen der Teile einer Hand
- Wahrnehmen der Individualität eines Handabdrucks

Bezug:
- Materialien: Hände waschen, Körperteilememorie
- Teilvorhaben „Ich sehe anders aus als du"

Handhabung/Kontrolle:
- Ein Blatt aus der Klarsichthülle bereitlegen
- Mit dem Pinsel Farbe gleichmäßig auf die Handinnenfläche auftragen
- Hand auf das Papier drücken
- Selbstkontrolle: Bei zu wenig Farbe entsteht ein unvollständiger Druck
- Hände mit Papiertuch abwischen und waschen

Herstellung/Beschaffung:
- Papier stets nachfüllen

Sonderpädagogische Hinweise:
- Die Farbe kann auch mit dem Finger der anderen Hand aufgetragen werden

Variationen:
- Ein Bild mit mehreren Handabdrücken gestalten (großes Blatt oder Tapete)
- Als Partnerarbeit: sich gegenseitig die Hand anmalen (nacheinander) und die Abdrücke vergleichen
- Fußabdrücke in Partnerarbeit
- Paare finden: von allen Schülern die Abdrücke beider Hände laminieren

Körperform

Material: Holzkiste, Holzlegeplättchen, Holzstäbchen

Aspekte:
- Gestalten
- Wahrnehmen
- Sprache

Pädagogische Zielsetzung:
- Körperteilen der Form entsprechende Holzteile zuordnen
- Wissen, aus welchen Teilen der Körper besteht
- Entwickeln einer Anordnungsvorstellung von Körperteilen zur Körperform

Bezug:
- Materialien: Körperteilememorie, Körperumriß

Handhabung/Kontrolle:
- Aussuchen von Holzlegeteilen, die den Körperteilen in ihrer Form entsprechen
- Anordnen der Holzformen zu einer Körperform
- Selbstkontrolle durch Vergleich mit einer Vorlage
- Anordnen weiterer Körperformen (Legen einer Familie)

Herstellung/Beschaffung:
- Medienraum der Schule ? oder Spielwarengeschäft

Sonderpädagogische Hinweise:
- Für schwächere Schüler:
- Bereitstellen von Holzteilen für nur eine Körperform
- Kontrollblatt als Auflegeblatt

Variationen:
- Malen eines Menschen
- Legen eines Riesen aus Seilen, Verkehrshütchen, Tüchern, Bierdekkeln,...... (vgl. Beudels, 1996, S. 243)
- Formen eines Körpers aus Knete oder Ton

Körperumriß *

Material: Tapete, Wachsmalstifte, großer Spiegel

Aspekte:
- Gestalten
- Wahrnehmung
- Sprache

Pädagogische Zielsetzung:
- Kenntnis des Körpers und seiner Teile
- Entwickeln einer Körperformvorstellung
- Entwickeln einer Ich – Identität
- Vollständiges Umfahren einer Form
- Bereitschaft, sich solange nicht zu bewegen, bis der Partner fertig ist

Bezug:
- Materialien zur Körperwahrnehmung, Körperteilememorie, Körperform
- Teilvorhaben „Ich sehe anders aus als du"

Handhabung/Kontrolle:
- Tapete ausrollen
- Ein Schüler legt sich auf die Tapete, der Partner umfährt den Körper mit einem Stift
- Rollenwechsel
- Jeder Schüler gestaltet den Umriß seiner Person aus: Haare, Gesicht, Kleidung,...
- Vergleichen der Personendarstellungen

Herstellung/Beschaffung:
- Tapetenreste, Spiegel evt. vom Material naß oder trocken mitverwenden

Sonderpädagogische Hinweise:
- Die Fähigkeit, sich einige Zeit nicht zu bewegen, wird durch den Wunsch einen vollständigen Umriß zu bekommen, gefördert

Variationen:
- Nicht den eigenen, sondern den Körperumriß des Partners ausgestalten (Schülerideee!)
- Der Umrißzeichnung Wortkarten (Namen der Körperteile) zuordnen

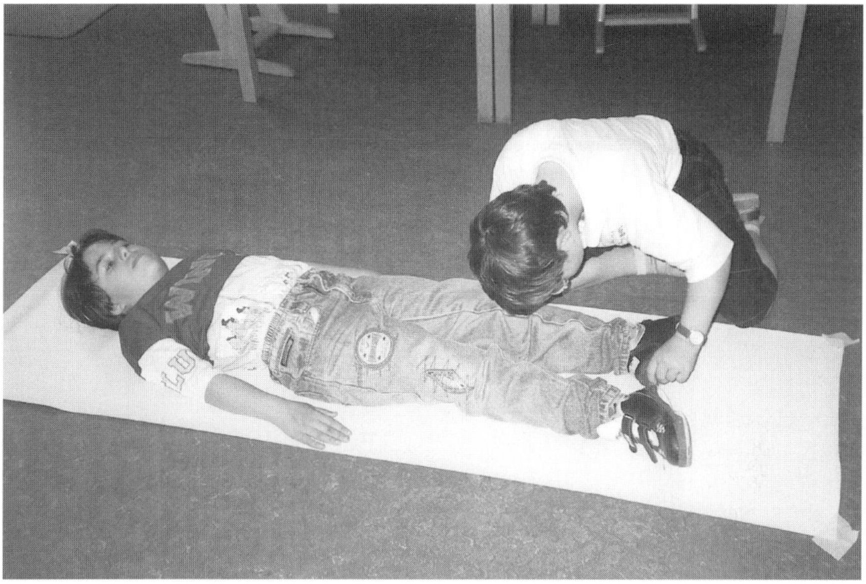

Abb. 60

Raum für Notizen und Materialideen

Raum für Notizen und Materialideen

Literaturverzeichnis

Anderlik, Lore: Ein Weg für alle! Montessori-Therapie und -Heilpädagogik in der Praxis, Dortmund 1996

Beudels; Lensing-Conrady: .....das ist für mich ein Kinderspiel. Handbuch zur psychomotorischen Praxis, Dortmund 1996

Doser, Franz: Wir gehen auf Bärenjagd – Offenes Lernen in einem psychomotorisch orientierten Sportunterricht, In: Lernen konkret, Heft 4, 1997

Dapper, Claus-Werner: Meine eigenen „Aha Erlebnisse“, In: Lernen konkret, Heft 4, 1997

Fischer, Erhard: Offener Unterricht in der Schule für Geistigbehinderte: Möglichkeiten und Grenzen, In: Lernen konkret, Heft 4, 1997

Fisgus; Kraft: Hilf mir, es selbst zu tun, Auer Verlag, Donauwörth 1994

Heidjann, Sabine: Geistigbehinderte lernen Möglichkeiten freier Arbeit im Bereich Umgang mit Mengen, Zahlen und Größen kennen. Übungsreihen für Geistigbehinderte Heft A 7, Dortmund 1995

Klippert, Heinz: Methoden-Training, Weinheim und Basel 1997

Köhnen, Monika: Freiarbeit macht Spaß. Übungsreihen für Geistigbehinderte, Heft H 2, Dortmund 1997

Köhnen; Roos: Freiarbeit in einer Unterstufenklasse der Schule für Geistigbehinderte Schweich, In: Lernen konkret, Heft 4, 1997

Montessori- Material, Teil 1, Nienhus Verlag, Zelheim (Niederlande), 1986

Potthoff, Willy: Grundlage und Praxis der Freiarbeit, Reformpädagogische Schriften, Freiburg 1990

Psycho-Motorik-Kartei, Dortmund 1993

Raeggel; Sackmann: Freiarbeit mit Geistigbehinderten, Dortmund 1997

Schulte-Peschel; Tödter: Einladung zum Lernen. Geistig behinderte Schüler entwickeln Handlungsfähigkeit in einem offenen Unterrichtskonzept, Dortmund 1996

Spikes: Spielekartei für Sonder- und Heilpädagogik, Dortmund 1992

Trierer Arbeitskreis für Montessori – Pädagogik e.V.: Jahreskette, unveröffentlichtes Arbeitspapier

Bücher zu den Themen der Vorhaben:

Biermann, Ingrid: Ich lebe, denn ich spüre, fühle. Bausteine Kindergarten/Grundschule. Sonderheft, Bergmoser-Höhler Verlag, Aachen

Dreher; Riefler: Musik macht Kinder froh. Bausteine Kindergarten/Grundschule, Sonderheft, Bergmoser-Höhler Verlag, Aachen

Frühstücke wie ein König, Kreisel Heft 2, Wiltingen 1992

Körner ernähren die Welt. Bausteine Grundschule 2/89

Neuhäuser, Jenny: Wie der Mondschein klingt, Aachen 1986

Schau mich an, was mein Gesicht dir sagen kann. Bausteine Kindergarten, Aachen 1/1988

Mit allen Sinnen, Christophorus Verlag, 1996

Anhang Kopiervorlagen

Kopiervorlagen 1: Satzbaukarten zum Thema "Frühstück"
(gezeichnet von Heike Roth, Pädagogische Fachkraft)

Sätze zum Handlungsablauf "Zubereitung von Müsli":

- J. (Schülername) schöpft Haferflocken
- T. reibt Äpfel
- D. schneidet Bananen
- E. gießt Milch ein
- D. rührt das Müsli um
- T. ißt Müsli

Kopiervorlage 2: Legetafel für Satzbaukarten (auf DIN A3 vergrößern und laminieren

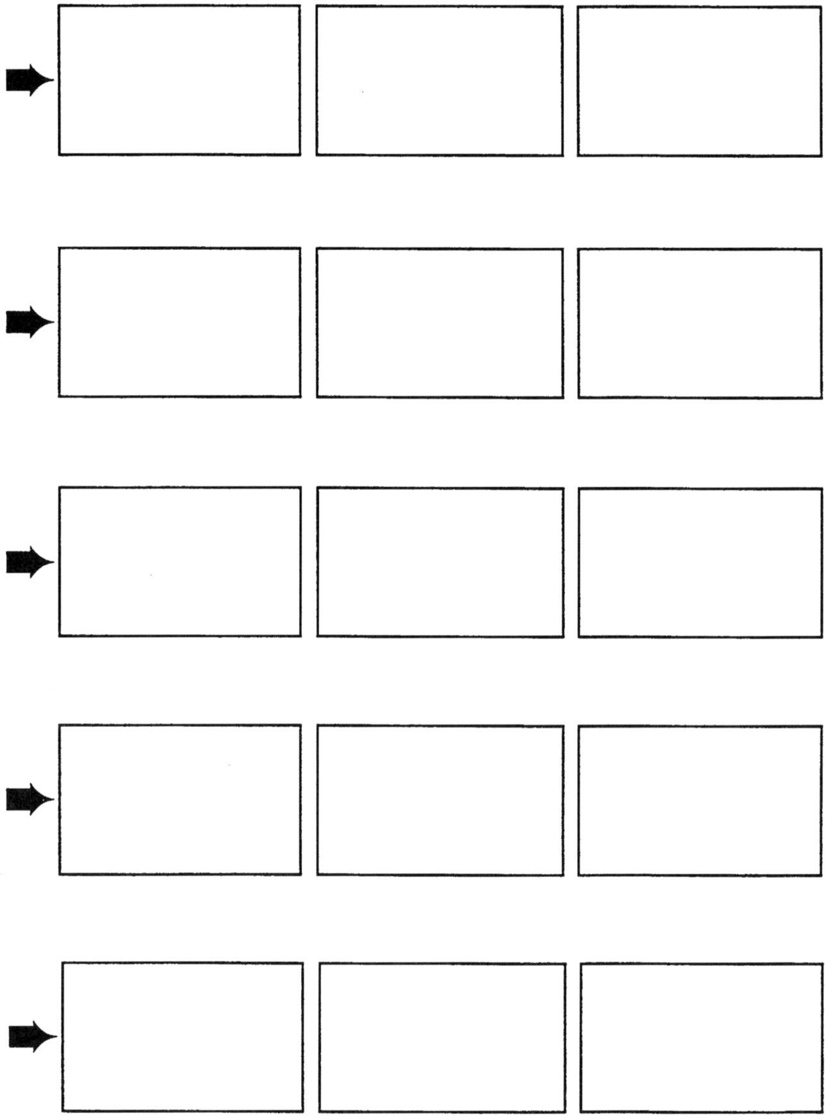

Kopiervorlage 3 (gezeichnet von Heike Roth)

Rezept: Müsli

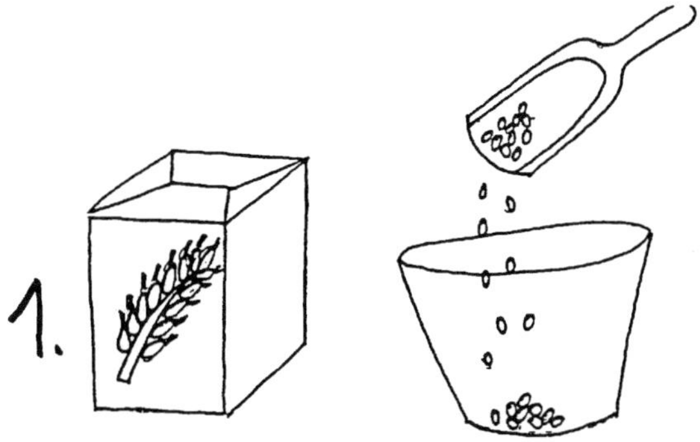

Haferflocken schöpfen

Apfel reiben

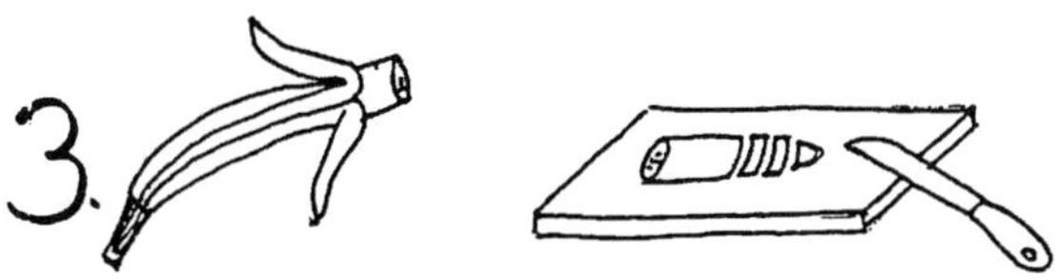

Banane schneiden

Milch eingießen

Müsli umrühren

Kopiervorlage 4: Wolf

Kopiervorlage 5: Figuren "Peter und der Wolf"
(gezeichnet von H. Roth)

Kopiervorlage 6: Satzbaukarten "Peter geht auf die Wiese"
(gezeichnet von H. Roth)

Kopiervorlagen 7: Instrumente (gezeichnet von H. Roth)

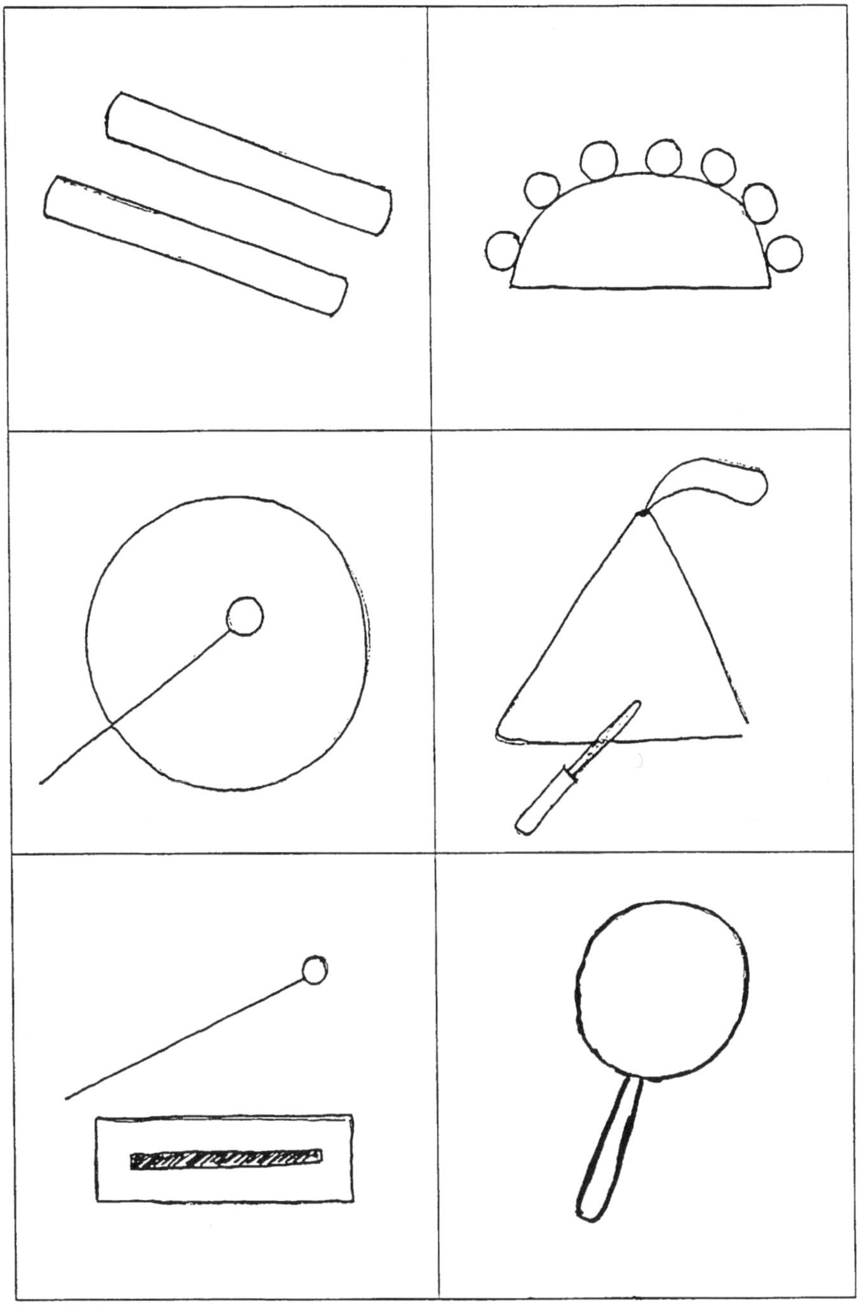

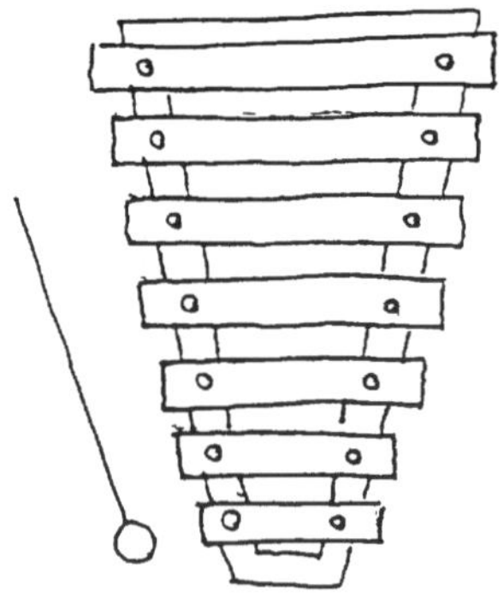

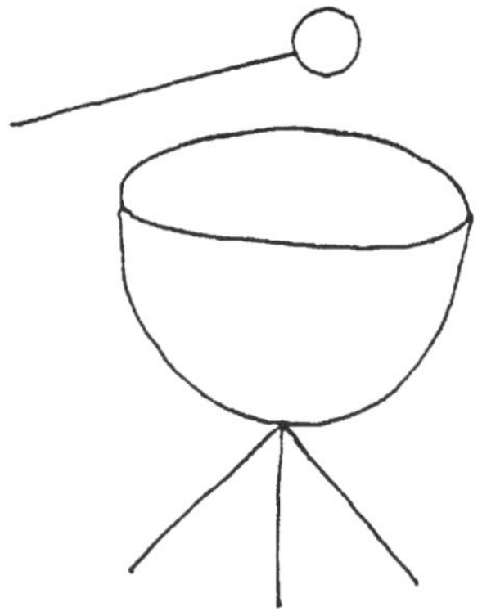

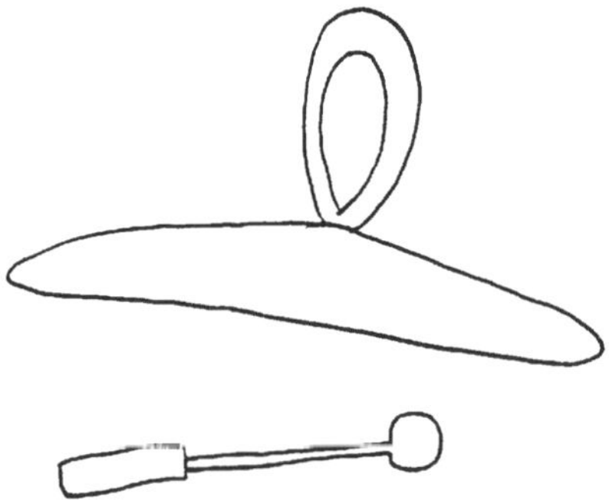

Instrumente:

- Klangstäbe
- Schellenband
- Handtrommel
- Triangel
- Holzblocktrommel
- Rassel
- Glockenspiel
- Pauke
- Becken

Kopiervorlage 8: Baum im Jahresablauf (gezeichnet von H. Roth)

Kopiervorlage 9: Jahreskreis

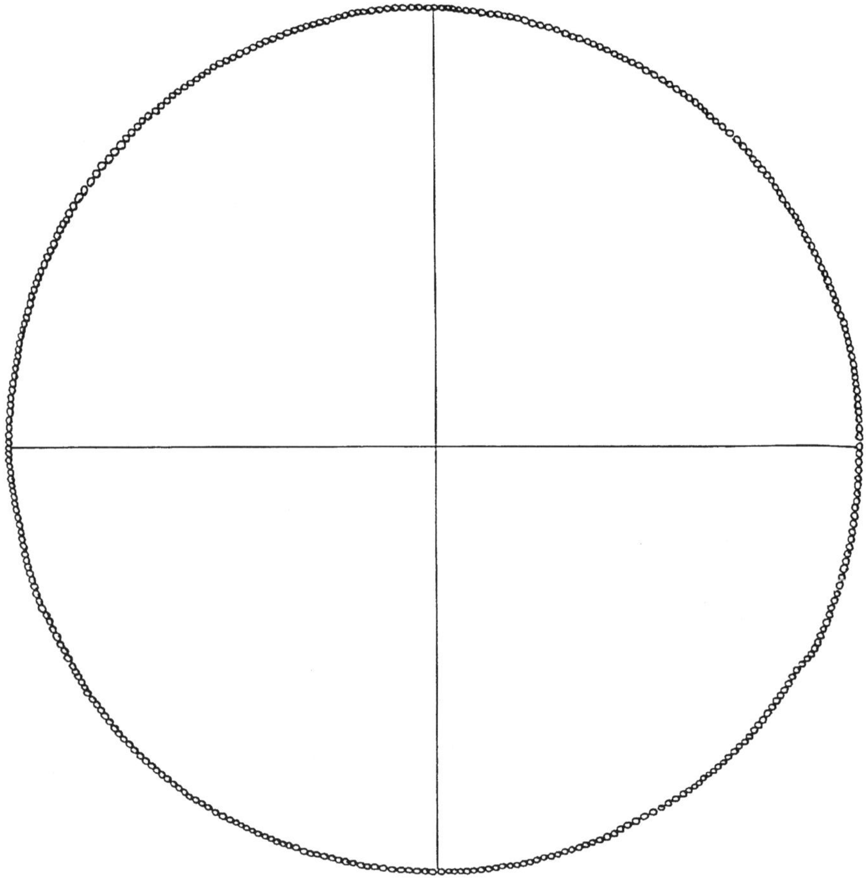

Kopiervorlage 10: Kleine Jahreskette

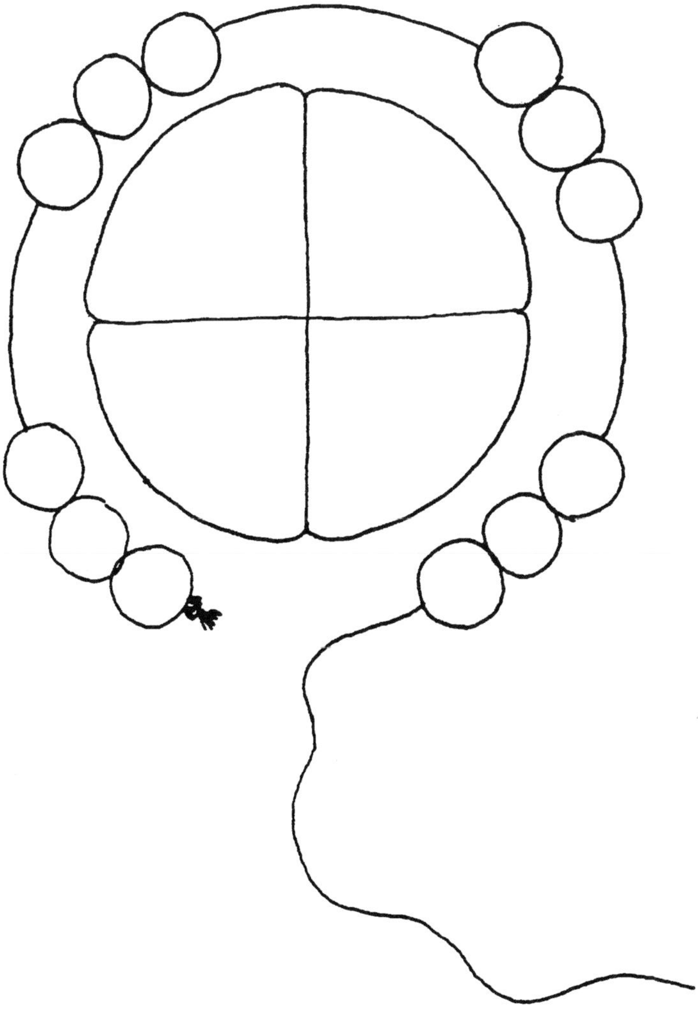

Kopiervorlage 11: Farbkreis

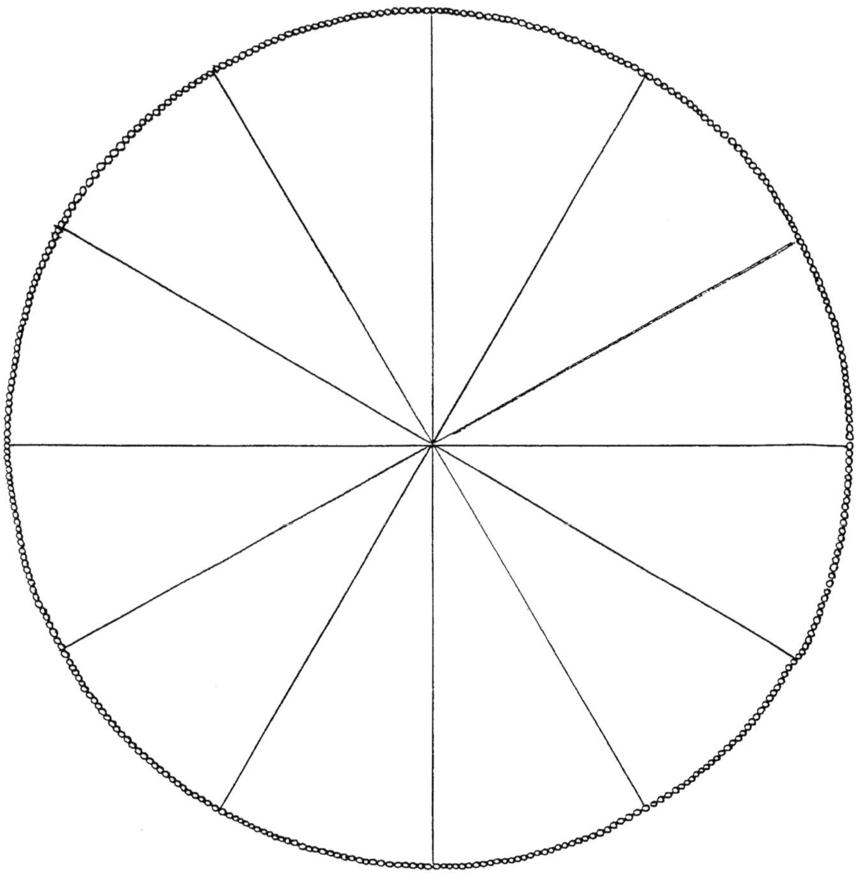

Kopiervorlage 12: Handlungsablauf "Zähne putzen"
(gezeichnet von H. Roth)

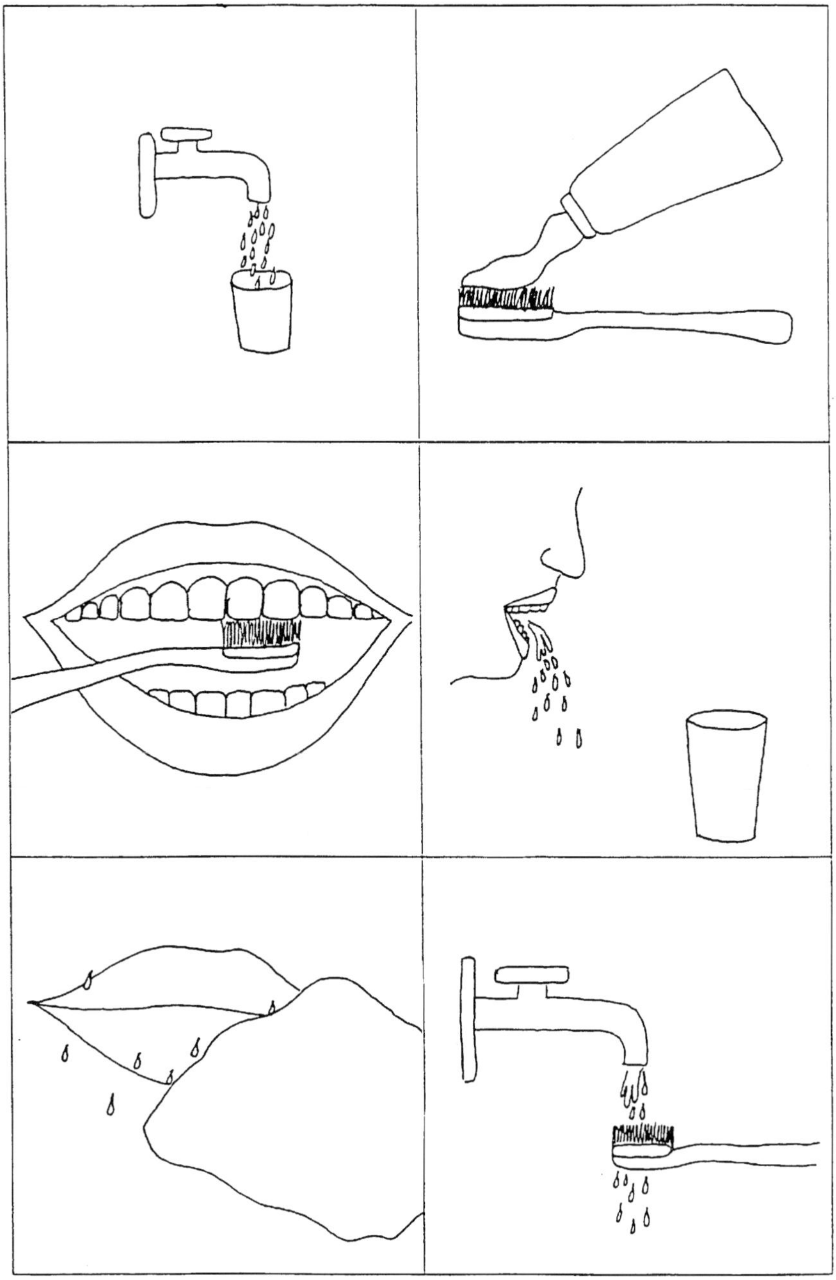

Kopiervorlage 13: Kopfumriß

Kopiervorlagen 14: Materialsymbolkärtchen (gezeichnet von H. Roth)

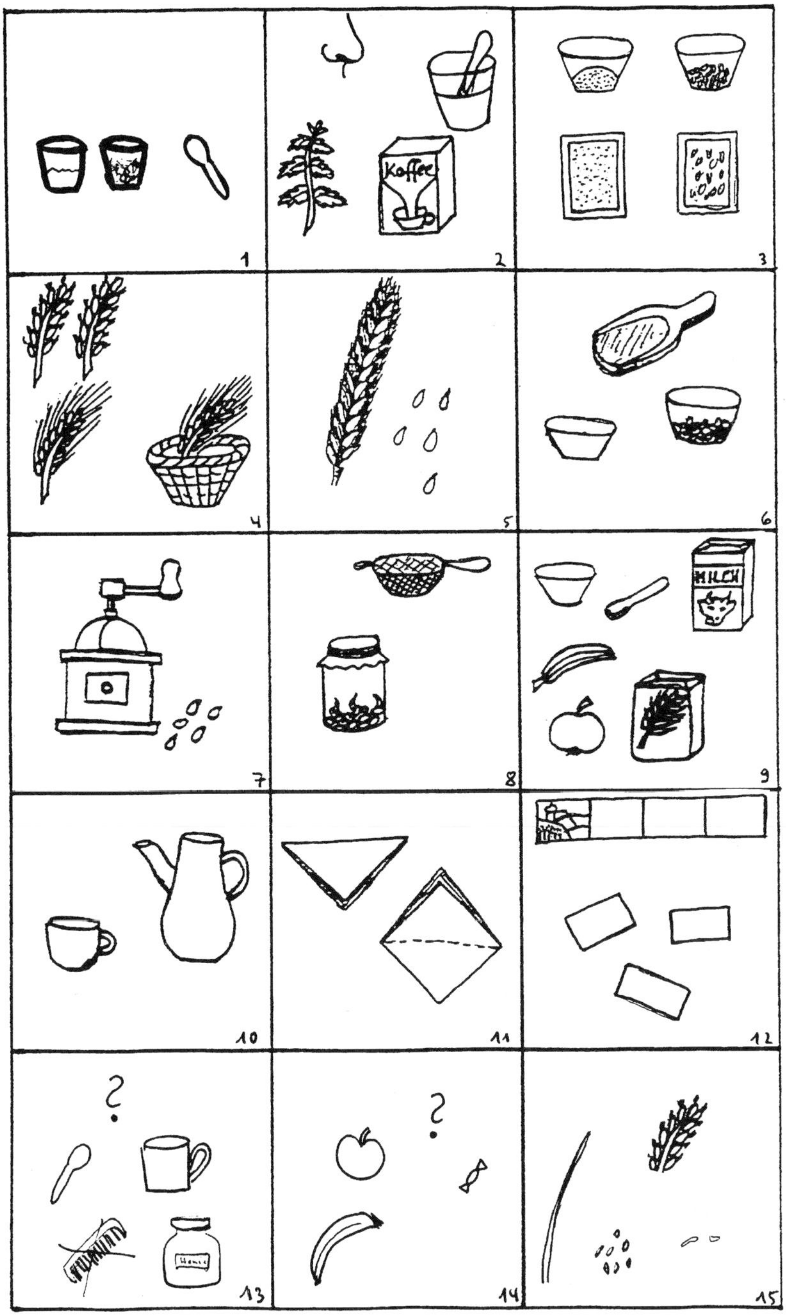

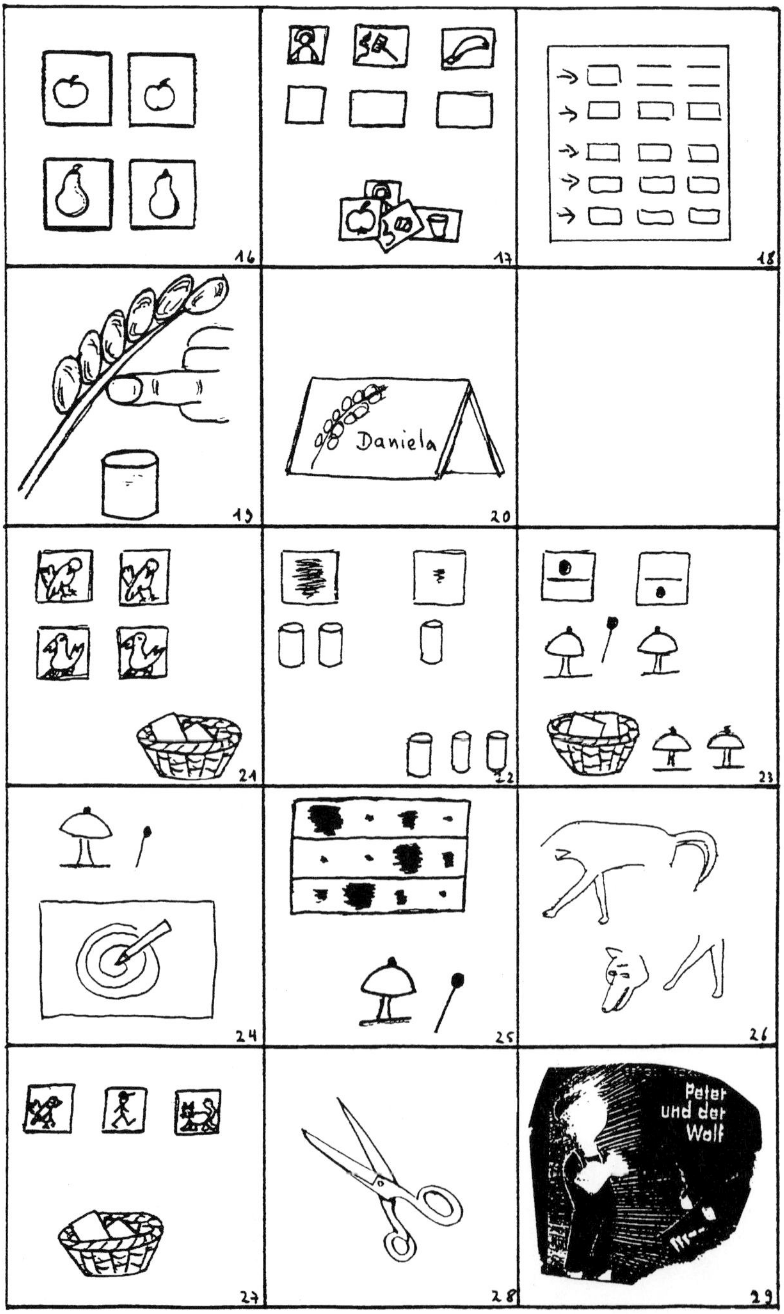
16
17
18
19
Daniela
20
21
22
23
24
25
26
27
28
Peter
und der
Wolf
29

30
31
32
33
34
35
36
37
38
39
40
41
42
43
44

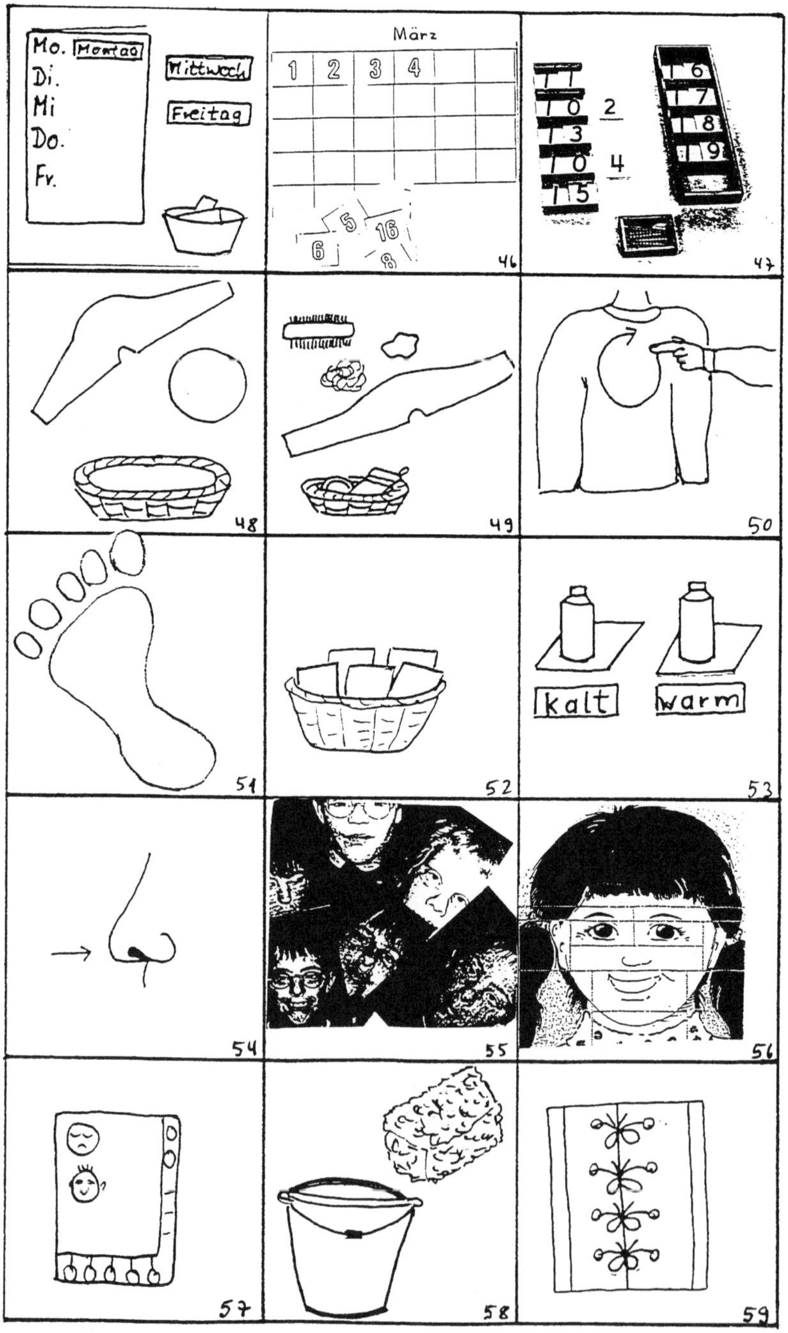
Mo. Montag
Di.
Mi
Do.
Fr.
Mittwoch
Freitag
März
1 2 3 4
5 16
6 8
46
6
7
8
9
2
4
15
47
48
49
50
51
52
kalt
warm
53
54
55
56
57
58
59

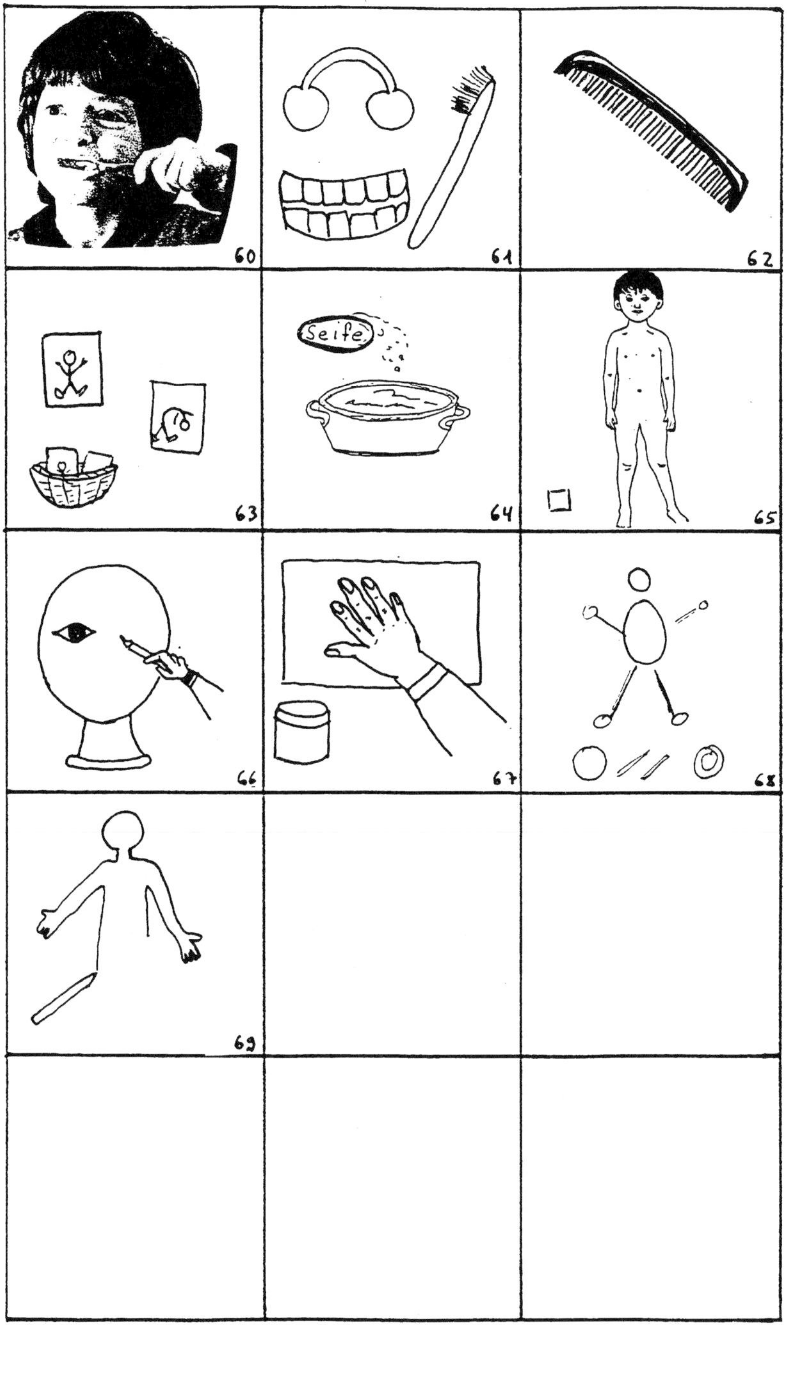
60
61
62
Seife
63
64
65
66
67
68
69

Raum für Notizen

Raum für Notizen

Raum für Notizen